日本が消失する

国民の9割が気づいていない、一瞬で壊れる平和

ケント・ギルバート

GENTOSHA

プロローグ

どうする日本⁉　ミサイルが東京に降り注ぐ日

現代戦は日常すべてを戦場に変える

２０２２年２月に開始されたロシアによる大規模なウクライナ侵攻は、国際社会を大きな混乱に陥れました。開始から１年以上経ったいまでも、原油高や物価高という形で世界中に影響を与え続けています。

そのロシアによる侵攻以降、日本社会で語られ始めたのが、「次は台湾や尖閣諸島、沖縄ではないか？」という指摘です。中国の侵攻で**台湾や沖縄がウクライナのような形になってしまう**のではという危惧が、にわかに現実的になってきたのです。

私はこれを、決して杞憂《きゆう》だと思っていません。

「台湾有事も尖閣諸島有事も、数年以内に必ず起こる」と、そう考えています。というのは、中国は２０２２年に開いた中国共産党大会で「台湾問題」に言及し、「台湾は中国の不可分の領土であり、統一事業に邁進する」という姿勢を改めて明確にし、併合に並々ならぬ意欲を見せ続けているからです。習近平総書記は同大会で三選を決めたときも、「台湾問題を解決するのは中国人であり、中国人が決めること」と強い口調で語っています。つまり外国勢力の干渉は一切認めないということです。

表面上は「平和的な統一」を掲げていますが、過去にチベット、南モンゴル、新疆《しんきょう》ウイグルを力ずくで制圧し、かつ香港を「弾圧」した国です。それを見ると、「平和的」などという言葉を額面通りに受け取るわけにはいきません。

こうした習近平の野望と、台湾有事や尖閣諸島有事が数年以内に起こり得る理由と背景については本編で詳しく述べますが、残念ながら、日本はまだこれに対する備えができていません。尖閣諸島を管轄する沖縄県石垣市では、「有事」に対する避難訓練も実施されておらず、地震や津波対策といった防災訓練しかしていないのです。

台湾では民間の団体が中心になって、住民に避難の仕方を教えるほか、中国軍が侵攻してきたときの対処法まで講義しています。それに比べ日本では、ようやく岸田政権が「シェルター」（避難施設）の整備を検討し始めたという段階です。

それは日本人の心の中に「尖閣諸島」「台湾」問題は「日本本土から離れたところの

問題」という認識が相変わらず根強いからです。でもそれは大きな勘違い。「台湾有事は日本有事」そのものなのです。

というのは、台湾で戦闘が勃発すると、否応なく日本が巻き込まれるからです。直接的な戦闘行為によって被害を受けるだけでなく、日本国内の情報インフラや生活・産業インフラが大混乱に陥ります。

現代の戦争は、昔のように陸海空の軍事力が直接衝突するだけではありません。相手国の情報網に侵入し、情報を攪乱《かくらん》するサイバー攻撃や、電磁パルス攻撃によって相手国の通信インフラを混乱させ、航空機や艦船、装甲車両などの主要武器を動けなくするハイブリッド戦です。

アメリカ国内で撃墜された中国の「飛行物体」も、このための情報収集が目的かもしれません。しかも軍事面に限ったことではなく、軍事技術を使えなくし、国家そのものの屋台骨を揺るがすために、**市民生活を支える情報インフラや生活・産業インフラそのものを破壊する**のです。ウクライナ戦争で世界はそれを目の当たりにしています。

それどころか「ハイブリッド戦」という言葉すら時代遅れだという指摘もあるほどです。スパイやプロパガンダ、宇宙からの攻撃など、考えられる手段を総動員した「オールドメイン」（すべての領域）戦争が、現代の戦争の姿なのです。

中国は明らかに日本を標的にしている

台湾有事、つまり中国軍の台湾侵攻では、必ず尖閣諸島が狙われるはずです。中国は「台湾省は中国不可分の領土」としていますが、尖閣諸島を「台湾省の一部」と見なしているからです。当然、尖閣諸島とここが帰属する石垣島が標的になるに違いありません。中国軍機が台湾島を攻撃する場合、北側から攻めるのが戦術的に有効だそうで、だからまず北に位置する尖閣諸島や与那国島などを軍事攻撃するはずだ、と予測する自衛隊関係者もいます。

また「オールドメイン」戦を考えた場合、米軍基地のある沖縄本島はもちろん、日本本土の横須賀、佐世保、岩国、横田、厚木、座間、三沢などの米軍施設も直接または間接的に攻撃される可能性が高いと思います。

米軍専用の基地は沖縄に点在するほか、横田基地の中に空軍司令部、横須賀に海軍司令部、座間に陸軍司令部があります。ただし陸軍は駐留兵士の数が少なく、むしろ韓国に大規模に駐留しています。

これらの米軍基地が攻撃された場合、日本の自衛隊の司令機能もダメージを受ける恐れがあります。意外に知られていないのですが、横田基地内には航空自衛隊の司令部もあります。ですから中国は**米空軍と航空自衛隊の両者を一度に壊滅させる**目的で、横田基地へのミサイル攻撃を考えているはずです。また、横須賀基地には、米海軍司令部と海上自衛隊の艦隊司令部も存在します。よって、中国は横須賀基地も確実に視野に入れているはずです。「万が一」の事態になったら、首都圏に中国のミサイルが飛んでくるというわけです。

一方、沖縄では航空自衛隊は那覇空港、米空軍は嘉手納《かでな》基地、海兵隊は普天間基地が拠点という形で分散しています。那覇は航空自衛隊専用の基地ですが、このほど第二滑走路が完成し、基地機能が充実しました。米軍の嘉手納と別々にする理由は、どちらかが破壊されても片方が残るという計算によるものだと思います。意図的に分散させたわけではないようですが、いまとなっては正しい選択だったと思います。

地理的な問題だけではありません。憲法がどうであれ、日米同盟のもとで、自衛隊と米軍はがっちり手を組んでいます。有事の際に仮に自衛隊が前線に出ないとしても、後方支援任務は必ず実施します。中国がアメリカを攻撃すれば、つまり、日本と自衛隊を攻撃するということになるわけです。

アメリカは沖縄防衛に本腰を入れるはず

日米両国はこのほど、沖縄の米軍第12海兵連隊を改編して「第12海兵沿岸連隊」を設けることで合意しました。「海兵沿岸連隊」は「EABO＝機動展開前進基地作戦」と呼ばれる海兵隊の新構想の中核を担う部隊です。

対艦ミサイルなどを備え、有事発生前から離島などに部隊を分散させ、離島での有事の際には小規模の部隊に分かれて展開し、敵の艦艇などの進出を防ぐ役割を担います。敵のミサイルによる攻撃が想定される範囲内での情報収集や、敵の艦艇を攻撃するなど、後方に構えているより大きな部隊の展開を支援する部隊です。

ということは、アメリカはこれまで以上に対中国姿勢を強めて、沖縄を手厚く防衛する意思を明確にしたと考えていいと思います。

台湾有事が勃発したとしましょう。米軍の来援が間に合わず、中国軍と台湾軍との限定戦になった場合、台湾の基地が中国軍に破壊されて着陸できないケースが考えられます。すると**台湾軍機が沖縄本島の基地や空港に着陸許可を依頼する**ことも想定されます。日米同盟の見地からも、日本はその要請を断るわけにはいきません。

その一方で、米軍が台湾防衛のために出撃する拠点になるのは沖縄です。沖縄から米空軍の戦闘機が台湾に向かって出撃すれば、中国は沖縄の米軍基地にミサイルを撃ち込むはずです。つまり、台湾有事はたちどころに「日本有事」となるのです。

こう私が力説すると、「いくらなんでも、中国はそこまでの乱暴はしないでしょう」とか「台湾は中国のものなんだから中国に任せておけばいい。日本が介入するべきではないのでは」などという声が出てきます。

そうであれば、どれほどいいだろうかと私も思います。しかし、いくら日本人がそう願ったとしても、中国は必ず台湾併合に動きます。それが習近平政権の〝悲願〟だからです。日本人が「中国の良識を信頼する」などと能天気なことを言っている間にも、中国はロシアのウクライナ侵攻から、「成功と失敗の戦略」を学んでいるはずなのです。

私はこれまで「日本人の平和ボケ」について警鐘を鳴らしてきました。阪神・淡路大震災、東日本大震災の経験から「巨大地震や原発事故は起こり得る」と気づいたのですから、もう一歩進んで、台湾有事や尖閣諸島有事、日本有事についても、起こり得る可能性について、考えをめぐらせてほしいと願っています。

繰り返します。台湾有事は日本有事となり、日本は否応なく巻き込まれます。そして尖閣諸島が侵攻されれば、中国と直接、対峙する相手は日本になるのです。

その結果、万が一、日本の一部でも中国に占領されたら……中国に「侵略」された国家がその後、どうなったでしょうか？　それは**チベット、ウイグル、そして香港の現実**を見ればすぐに想像できるはずです。

そしてウクライナの場合と同じように、実はロシアも北海道を狙っているのです。

本書では日本有事という「はっきり予想される事態」に対して、日本人は何を考えていくべきなのかをまとめました。戦争は見なければ、知らなければ避けられる甘いものではありません。逃げているだけでは平和は保たれないことは、ウクライナの惨状と、過去の世界史が明確に教えています。ぜひ耳が痛い私の話にお付き合いください。

日本が消失する　もくじ

第2章 台湾有事は明日にでも起こる

第3章 日米同盟と憲法改正が日本を守る

第4章 ならず者国家の戦争に巻き込まれるな

エピローグ

安倍元首相の「遺産」を引き継ごう

カバーデザイン　石川直美（カメガイ デザイン オフィス）
撮影　鈴木慶子
編集協力　佐藤 健
DTP・本文デザイン　美創

第1章

地政学上、日本ほど危うい国はない

ウクライナ戦争の終結はどうなる？

ウクライナ戦争も開始から1年以上が過ぎて、「終結」が見通せなくなっています。私は終結の近道はプーチン大統領の失脚だと思うのですが、いまのところその可能性は低いでしょう。

ロシア軍は春を迎えて「大攻勢」に出ると予測されていますが、プーチン大統領による「核の使用」の噂もあります。彼は事あるごとに「核も選択肢の一つ」と発言しているので、油断するわけにはいきません。

ただし、ロシアが打撃を受けていることは間違いありません。国内には厭戦《えんせん》ムードが広がっていて、徴兵を実施したら１００万人が逃げ出してしまったとも報じられています。

一定の強固な支持基盤があるにはあるけれど、国民は疲れ気味。昔のソ連のように、中央で全部仕切るという時代に戻るのではないかと言われています。しかも国際的にも、ロシアは孤立しているわけです。

ウクライナとしては、2012年に失ったクリミア半島を奪還したい。でもそこまでは難しいとなったら、クリミア以外の今回侵略された地域を取り戻すだけで停戦合意ができるかどうか……ゼレンスキー政権次第です。

ウクライナに対しては、アメリカがパトリオットミサイルも提供し、イギリス、ドイツ、アメリカが最新鋭の戦車を供与しました。ウクライナはさらにF16戦闘機を要求しています。エスカレートする要求に対して、今後は西側諸国がどこまで支援できるかどうか。

アメリカはウクライナに武器を供出しすぎて、武器の在庫が払底しつつあり、国内の負担が増えているのは間違いないようです。プーチンが、どこで損切りの決断をするか、それとも**プーチンを排除して新政権を作るか**……でも私は、全土を取り戻すことができるかどうかは別として、最終的にはウクライナの勝利ということになると思います。

第三次世界大戦は日本近海で起きる

世界の目はウクライナに集まっていますが、実は日本にとって本当のロシアの脅威は

「ポスト・ウクライナ」にあるのです。というのは、ロシアは近い将来、極東を全面支配したいという欲望を隠していないからです。

極東ロシア軍は日本周辺で、中国軍との艦艇や航空機による共同演習、共同警戒監視任務・示威行動などを展開し、オホーツク海の「聖域化（核搭載潜水艦の隠れ場所）」に向けて、北方領土のみならず、千島列島の幌筵島《ぱらむしるとう》、松輪島《まとうあとう》にも地対艦ミサイル部隊などを展開しつつあります。ここには射程圏最大４００キロ級～15キロ級のものまで各種のミサイルが配備されていて、いうまでもなく北海道を射程に入れています。

一方の中国は、最近とみに、尖閣諸島周辺での活動や同島への領海侵犯を繰り返しています。東シナ海や西太平洋での活動を活発化させるだけでなく、南シナ海において環礁や岩礁を埋め立て、滑走路を造り、対空警戒レーダーや防空火器を配備するなど、この海域を自国の内海のように扱っていることはよく知られた事実です。

北朝鮮も弾道弾等の発射を繰り返していて、その中の一発は日本上空を通過、約４６００キロメートル飛翔し太平洋上に落下しました。これは、北朝鮮がこれまで実際に飛翔させた弾道弾の中で最長飛距離なのです。北朝鮮からグアム島までは約３４００キロメートル。北朝鮮は「グアムを射程に入れた」ことをアメリカに見せつけたいのです。

しかも北朝鮮は、すでに射程距離1万4000キロを超えたICBM＝大陸間弾道ミサイル開発に成功しているとの情報もあります。また、ミサイルに搭載する核弾頭の小型化に成功しているという説も本当なら、アメリカ本土を射程に入れることができるのです。

北朝鮮はこれまでも核実験を繰り返していて、すでに核を保有していることは明らかでした。問題は、それを**ミサイルに搭載できるほど小型化できているかどうか**だったのですが、すでに各種弾道弾への核搭載が可能になったものと考えておいたほうがよさそうです。

それに対して、日本はどんな対抗策を取れるのでしょうか。政府は2022年「戦略3文書」を改定し、自衛隊の抜本的強化を中心に、日本の安全保障を確保しようとしています。

具体的には、防衛省・自衛隊の能力強化に関して、「反撃能力（スタンドオフ能力）」「総合ミサイル防衛能力」「無人アセット防衛能力」「継戦能力向上」「領域横断能力」「宇宙・サイバー・電磁波領域での能力向上」「指揮統制・情報能力」「起動展開能力」などをテーマとし、NATO（北大西洋条約機構）と同様の「GDP比2％」指標を念頭に、防衛費の増額をはかるというものです。

ただ安全保障というのは、自衛隊の能力向上だけで事足りるものではありません。有事の際に、例えば国民をどう保護していくか、サイバー防衛などの面も含めて、国家全体の防衛インフラを強化していくことが重要になりますが、現状では、この面は未整備というのが専門家の意見です。

ロシアは虎視眈々と北海道を狙う……

ロシアのウクライナ侵攻を受けて日本が対ロ制裁を科す中、ロシアの左派政党「公正ロシア」のミロノフ党首が、「ロシアは北海道のすべての権利を有している」と、日本への脅しとも受け止められる見解を表明したことが報じられました。

発言の根拠には、北海道の先住民族アイヌを絡《から》めているとの説があります。れっきとした日本の一部である北海道にロシアが権利を持っているなんて、どこをどうひっくり返せばそんな理屈が出てくるのか、さっぱりわかりませんが、何しろ**主権国家であるウクライナへ勝手に戦争を仕掛けた国**なので、「戯《ざ》れ言」と放っておくわけにはいきません。

いうまでもなく、北海道は明確に日本の領土です。第二次世界大戦終結時に日本が受諾したポツダム宣言には「日本国ノ主権」の範囲に「北海道」と明記されているのです。

ポツダム宣言には当時のソ連も加わっています。それどころか1956年の日ソ共同宣言でも「領土保全」を確認しているのです。つまり北海道は日本の領土だと認めているということです。

ソ連は、不可侵条約を一方的に破って、突如、火事場泥棒のように対日参戦しました。ただしこの行動は米英ソが結んだヤルタ協定で正当化されています。ヤルタ協定はソ連が連合国に与《くみ》して対日参戦すべきとし、1905年の日露戦争講和条約でロシアが日本に割譲した南樺太と、1875年の樺太・千島交換条約で日本領となった千島列島の引き渡しをその条件にしていたからです。

でもスターリンはそれでは飽き足らず、「できれば北海道が欲しい」という野心を抱いていたようです。昭和天皇が「玉音放送」を行った8月15日の時点では、ソ連はまだ南樺太と千島列島を手に入れていません。終戦の確定は停戦協定がまとまった9月2日です。スターリンはこの日までに秘密協定で約束された地を占領し、そして北海道北部を奪取しようと目論んで、トルーマン米大統領に要求したのですが、拒否されているのです。今回のロシア指導者の発言は、この要求を蘇らせようとするものでしょう。

しかしアイヌ民族はオホーツク一帯に居住してきた先住民で、日本人（和人）ともロシア人とも異なる、独自の言葉と文化を有した民族なのです。でもそんなことはお構いなしに、2018年にプーチン大統領は「クリル諸島（北方領土を含む千島列島）」などに住んでいたアイヌ民族を「ロシアの先住民族」に認定する考えを示しました。

この論理を推し進めると、「ウクライナの〝親ロシア派〟が迫害を受けている」というのと同じ理屈になります。「北海道でアイヌが弾圧されている」と、ロシアの先住民族救出を名目に北海道に侵攻するという図式が成り立つのです。

確かに、過去の日本のアイヌ政策は褒《ほ》められたものではないようです。「北海道旧土人保護法」を制定して同化政策を推し進め、アイヌの文化や言葉を破壊したことは事実です。「旧土人」とはアイヌの蔑称で、ようやく先住民族と認めたのは2019年、わずか4年前のことなのです。日本人はこのこともよく知っておくべきです。

ただし、過去に大きな問題があったからといって、それを〝解放〟の根拠にできるなんて理屈は通りません。明らかな筋違いです。

日本が抱える危険はウクライナより大きい！

日本はアメリカ、NATO加盟国と歩調を合わせ、ロシアのウクライナ侵攻に対する経済制裁を科しました。その結果、ロシアは日本を「非友好国」に指定し、プーチンは「強い制裁は宣戦布告とみなす」と宣言しました。北方領土問題を含む日本との平和条約締結交渉を中断するとも発表しています。これは北方領土返還問題に影響するだけでなく、「いつ攻め込まれても不思議ではない」ということになります。日本とロシアの間には平和条約が結ばれていないからです。

ウクライナにかかりきりの**ロシアに、すぐに日本を侵攻する余力があるとは思えません**が、その一方で、ロシアはかねてから「北方領土に核ミサイル基地などの軍事拠点を建設する」とぶち上げています。極東支配に着々と布石を打っているのです。

私が懸念しているのは、ロシアがウクライナで事実上負けた場合、心情的に、「それなら北海道を取ろう」と考える可能性です。ウクライナより北海道のほうが占領しやすいかもしれないのです。

プーチンが「日本が喧嘩を売った」と考えている以上、日本はもう対ロシアの戦線の一翼を担ってしまったも同じです。戦争でどちらかに味方をすれば、その敵から攻撃されても仕方がありません。まして、日本はロシアと平和条約を結んでいないので、余計にその危険性は増します。日本はロシアの「隣国」である以上に、「当事者」であることを忘れてはいけません。昨今の国際情勢を見れば、日本国民がいくら平和を願っても、そうはならないことは明らかです。虎視眈々《こしたんたん》と日本を狙い、隙あらばすぐにでも攻め込もうとしている国が周辺にあるからです。しかもロシア、中国と二つもあります。日本が抱える危険性は、開戦前のウクライナよりも高いと言えるはずです。

近年、中国の脅威に対抗するために、日本の自衛隊は北から南に戦力を移動させています。北海道には米軍基地もありません。三沢と横田には空軍基地、横須賀には海軍基地がありますが、日本に駐留する陸軍兵力は少ないので、アメリカが北海道防衛の一端を担うとした場合、韓国から部隊を移動させる必要があります。

したがって、日本は今後、韓国との関係を改善する必要があると私は思っています。幸い、尹錫悦《ユンソンニョル》政権になって、日韓首脳会談が開催され、歴史問題解決の筋道が見えてきたので、改善の余地は大きいと思います。これが逆戻りしないよう、日韓両国民とも努力する必要がありますが、うまく終結させられれば、韓国との協力関係は強固になるはずです。

ロシアが北方領土を決して返さない理由

現在、日ロ間には「北方領土」という大きな問題が横たわっています。ご存じの通り、歯舞《はぼまい》群島、色丹《しこたん》島、国後《くなしり》島、択捉《えとろふ》島です。第二次世界大戦直後、日本の敗戦の隙を狙って、ソ連はこの四島を次々に占拠していきました。これらの島は歴史上、れっきとした日本の領土であり、日本人が平和に居住していた島々です。

なぜスターリンのソ連が北方四島にこだわったのかといえば、**ソ連の太平洋艦隊が太平洋に出るための拠点となる**からです。これは北方艦隊に次ぐ勢力を持つ艦隊で、本部所在地はウラジオストク、空母ミンスクなども所属していました。

資源に恵まれているわけではない日本が世界有数の経済大国になれたのは、もちろん日本人の勤勉さもありますが、ユーラシア大陸の東側に障害物のように存在する列島という地政学的な要素が大きいのです。それほど、日本列島の有する戦略的な位置は絶妙で、日本人はこのことを天に感謝すべきだと、私は思っているほどです。

日本列島から沖縄まで続く南西諸島は太平洋への出口をふさいでいて、中国にとってとてつもなく邪魔な存在になるのですが、これはロシアにとっても同じ。ロシアが海路で太平洋に出るには、同じように日本列島が邪魔なのです。冷戦の時代、まさに日本列島が西側の「不沈空母」の役割を果たしていたのです。

元陸上自衛官で、イラク先遣隊の「ヒゲの隊長」の愛称で知られる参議院議員の佐藤正久氏の著書によれば、ロシアの太平洋艦隊が太平洋に出るルートは3つあるそうです（『知らないと後悔する　日本が侵攻される日』幻冬舎新書）。

1　宗谷海峡からオホーツク海に入り、そこを抜けるルート。
2　北海道と青森の間にある津軽海峡ルート。
3　日本海を南下し、対馬海峡から東シナ海に抜けるルート。

しかし、2は日本の領土内を通らなければならないので不可能。3もかなり遠回りになるので非効率。やはり1番目しかないのですが、オホーツク海は冬の間、氷結に悩まされます。ロシアとすれば冬でも航行可能な不凍港が欲しい。しかし**北方四島があれば、ここを拠点に太平洋に出られる**のです。だから日本がいくら返還を要求しても、ロシアは絶対に首を縦に振らないでしょう。

「悪の帝国」が外に目を向け始めた……

そればかりか、「北方四島はオホーツク海の蓋《ふた》になるので手放すはずはない」とも佐藤氏は著書で語っています。ここはロシアの玄関口に位置するので、日本に返したらアメリカの原子力潜水艦航行がフリーパスになってしまうからです。

ここから北のカムチャツカ半島・ペトロパブロフスク・カムチャツキー港には、ロシア原潜の基地もあり、カムチャツカ半島から北方四島に至るラインはロシアにとって決して手放すことのできない聖域なのです。

地政学的な見地から説明すると、中国、ロシアとも、ユーラシア大陸の大陸国家「ランドパワー」に位置づけられます。だから冬に北極海が氷に閉ざされてしまうロシアは「凍らない港」を求めて領土を南に広げたいという野望を持ち続けてきました。いまでも変わっていないはずです。一方の中国は出口を日本と台湾にふさがれています。この中露両国は、周囲を海で囲まれた日本やアメリカのような「シーパワー」（海洋国家）とは歴史的に対立しています。それゆえ、近代史の覇権争いは、ランドパワーとシーパワーの対立という構図と言ってもよいでしょう。

その典型的なランドパワー国家が、外に目を向け始めたのは、さらなる「強国」幻想を国民に植えつけるためだと私は考えます。習近平は「大中華帝国」であり、プーチンは「偉大なるロシア」です。

権力を握った独裁者が、外に向かって力を誇示しようとする例は、歴史上、いくつもあります。それが「愛国心」を高め、国民を一つにまとめることに繋がると考えられているからです。その根底には、史実かどうかは別として「かつて失われたものを取り戻したい」という意図があり、中国にとっては尖閣諸島、ロシアにとってはクリミア半島がもともと自分たちのものだという意識が強いのです。また、中国にとっては東シナ海、ロシアにとっては日本海が自分たちの裏庭なのです。でも、そこに日本列島という「目の上のたんこぶ」が横たわっています。しかも日本には強力なアメリカ軍が駐留しています。

邪魔者もろとも、日本の影響力を排除したいと願っているはずです。

中国はいまや世界第2位の経済大国になっています。ランドパワーの大国としてユーラシアの覇権を制し、次はシーパワーで世界を牛耳ろうという目標を定めたというところでしょう。ロシアは国力で圧倒的に劣りますが、ロシアの新たな武器は「北極海ルート」という航路の開拓です。

これまで**氷に閉ざされて航行不能だった北極海で、地球温暖化の影響により、アジア・ヨーロッパを結ぶ航路が開拓可能になった**のです。北極海ルートはスエズ運河経由より約3割距離が短くてすみ、しかもマラッカ海峡やホルムズ海峡のように海賊も出没しないので安全な航路です。その航行許可を出すロシアには、莫大な利益が転がり込みます。

北方領土は、この航路の延長線上にあります。この点から考えても、ロシアが北方領土を手放すはずはありません。日本政府が、いくら「北方四島は日本固有の領土」と力説しても、プーチンは決して北方四島返還に応じるはずはないのです。ロシア首相が北方領土を訪問したのも、これを誇示する狙いがあると思います。

それどころか、プーチンは北海道も欲しい。「できれば青森まで手に入れたいと願っている」と佐藤氏は語っています。青森が手に入れば、津軽海峡を通過して、悠然とオホーツク艦隊を太平洋に進出させられます。日本人からすれば、「まさか青森まで」と思うところですが、まったくの絵空事とも言えません。津軽海峡を悠然とロシア艦隊が航行していく姿なんて、想像するだけでゾッとします。

アメリカはなぜ極東を重視するのか？

日本人の多くは、アメリカが日本をはじめ極東にいるのは、東西冷戦の結果だと考えているでしょう。それは一面では正しいのですが、アメリカは第二次世界大戦のさなかから、戦後の世界情勢を見据えて戦略を打ち立てていたのです。その裏付けになったのが「地政学」です。

ご存じのように、地球上で最大の大陸はユーラシア大陸です。「ここを支配する国が世界で大きな力を持つ」と、地政学の泰斗であるニコラス・J・スパイクマンは唱えました。そして彼は「アメリカは、ユーラシア大陸の中国とソ連が手を結ばないように戦略を立てなければならない」とも言っているのです。1941年のことで、当時の中国は蔣介石《しょうかいせき》の国民党、ソ連はスターリンの支配下にありました。

面白いのは彼が「重要なのは日本で、この戦争が終わり次第、アメリカは日本と同盟すべきだ」とも唱えている点です。スパイクマンのこの発言は、日本軍による真珠湾攻撃の直後。すでに、戦争終了後の世界を見据えていたということです。

しかも彼は、**戦後世界の課題は中国である**と喝破《かっぱ》しています。

「近代化に成功して国力を向上させ、軍備を充実させた中国は、日本だけでなく豪亜地中海での欧米列強の立場も危うくする。中国は豪亜地中海を支配する、広大な大陸国家となる。（中略）強大となった中国による豪亜地中海への経済的進出は政治的影響力を伴うことは疑いなく、この海域が米英日の海軍力に代わって、中国の空軍力によって支配される日の到来も視野に入ってくる」（『米国を巡る地政学と戦略』ニコラス・J・スパイクマン著、小野圭司訳、芙蓉書房出版）

今日の現状と照らし合わせると、驚くべき慧眼《けいがん》です。そしてこうも記述しています。

「もし極東の勢力均衡を将来も維持するのであれば、米国は英国を保護するために採った政策を日本に対しても実施すべきである」

「英国を保護するための政策」とは、第一次世界大戦、第二次世界大戦の折、ヨーロッパでドイツと戦ったイギリスへの支援のことです。これと同じ支援を、いまアメリカは日本に対して実行しているのです。

ただしこれは、決して「人道的見地」からではありません。あくまで、自国を守るためには「ユーラシア大陸の大国」に対抗する防波堤を作る必要があるというアメリカの都合です。そんなアメリカの長期的な安全保障体制を根底から覆そうとする中国という国に、根気よく対抗するために必要なのが日本であり、台湾であり、韓国なのです。

こう言うと日本人は「じゃあ、アメリカは自分のために極東にいるんでしょ」と思うはずです。確かにその通りです。でもそれが同時に日本のためになっていることを忘れてはなりません。「日本人は自分たちがいる場所が安全でなくなってもいいのですか?」と、私は聞いてみたいと思います。もしそうなったら、アメリカ以上に日本が困るはずです。

アラスカと沖縄を押さえれば世界を制覇できる

自国の安全のために「防波堤」を作るという考えは、アメリカばかりでなくどの国も持つはずです。だから中国もロシアも沖縄と日本列島という〝邪魔者〟を取り除きたいし、あわよくば自分のものにしたいと思うのです。

アメリカが極東に駐留する意味は、それだけではありません。実は沖縄とアラスカを押さえておけば世界を制覇することができるからです。

地球儀を上から、つまり北極側から眺めると、アラスカがその中心になります。だからFedExやDHLなどの国際輸送物流会社は、みんなアラスカを拠点にして荷物をアンカレッジに運び、そこで荷物を詰め替えて世界の各都市に運んでいきます。

そこでアメリカはアラスカの各地に空軍や陸軍の基地を置き、現在、**2万2000人以上のアメリカ軍兵士と4700人の州兵や予備役がアラスカ州に配置**されています。

そのため「アラスカ州の経済は、観光、エネルギー、そして防衛の3つで成り立っている」と言われているほどです。

もう一つ、今度は地球儀を正面から見てみましょう。すると沖縄が太平洋の中核であることがわかります。沖縄は東アジアのハブとなる位置にあり、旧式の飛行機でもだいたい4~5時間でアジアの主要都市に行けるのです。つまり、アラスカと沖縄を押さえれば地球を押さえることができる。少しでも地政学を知っていれば、この二つの重要性がわかります。

中国がアラスカを手にすることはあり得ませんが、せめて二つのうち一つは欲しい。中国が沖縄に食指を動かしているのは、こうした側面もあります。

つまり地政学という視点からも、アメリカは決して沖縄を手放すことはありません。ロシアや中国の脅威と対峙するためにも、アラスカと沖縄は絶対に手放せないのです。

アメリカが日本から引き揚げることは決してない

日本では、日米安全保障条約という現実があるにもかかわらず、「いざとなったらアメリカは日本を守ってくれるのか?」という論議が盛んです。

確かに日本国憲法第9条によって、日本はこれまで一方的にアメリカに庇護されてきました。アメリカも**日本国憲法を成立させた責任があるので、日本に強く再軍備を迫れなかった**ことも事実です。その結果、日本が反共の防波堤として「不沈空母」の役割を果たしたこともあり、「日本が攻められたらアメリカが加勢するが、アメリカの有事に日本は加担する必要がない」という「一方的な安全保障」の約束がまかり通ってきました。おかげで、日本人は戦争で血を流さずにすんだのです。

でも、いつまでも「一方的に守る」という約束が続くとは限りません。「日米同盟をどう考えるべきか」については後述しますが、今後ともアメリカが沖縄に駐留し続けるのは、これまで述べた通り「アメリカの国益」を最優先にした結果だとしても、そのおかげで日本の安全が守られているのは間違いありません。

民主党のバイデン政権はウクライナに多大な武器を提供していますが、直接の兵力派遣はしていません。その理由として「ロシアと全面戦争になるのを避けるため」という意見があります。ごもっともです。でもその理屈からいえば、アメリカは「自国のためでなければ」第三次世界大戦を起こそうとしないでしょう。沖縄を守るとしても、それは「アメリカの国益にかなうかどうか」次第です。「自分のことは犠牲にしても誰かを守る」なんて、人間社会でもなかなかないことだと思います。

そう考えると、日本のことは日本人が守らなければならないはずなのです。「すべてアメリカまかせ」なんていうこと自体がおかしい。アメリカだって、自分で自分を守ろうとしない国を、犠牲を払ってまで守ろうとしないでしょう。

では、現実的にアメリカが沖縄から引き揚げる確率はどれくらいなのか。それを知るにはビジネスの側面から考えるのが一番です。沖縄の米軍基地の大部分は個人の所有で、日本政府が持ち主に地代を払って借り、それを米軍に提供しています。

つまり米軍基地の土地は、持ち主にとっては地代の取りっぱぐれがない「安定収益物件」なので、土地を所有する個人は、それを担保にお金を借りることができます。米軍基地がそこにあっても、です。

その際、沖縄の金融機関は、土地の担保価値を「地代の何年分か」で評価します。普天間基地の場合は将来的な返還が見込まれるので「地代10年分」の評価です。嘉手納基地は「地代40年分」となっています。つまり、当面は嘉手納基地が日本に戻ることはあり得ないと、金融機関がそう判断しているということです。

私も同意見です。アメリカが沖縄から引き揚げることはない。それは、世界制覇のために、そして中国を封じ込めるために、絶対に沖縄が必要だからです。

嘉手納基地への仮想攻撃が始まっている

現在中国は、沖縄の基地に対する仮想攻撃訓練を実施しているそうです。前述した佐藤正久氏の著書『日本が侵攻される日』（幻冬舎新書）では、甘粛省や新疆ウイグル自治区の砂漠に「沖縄の嘉手納基地」や「日本の航空自衛隊のAWACS（早期警戒管制機）」を模した標的を設置したと紹介されています。

それによると、「滑走路」「格納庫」「機体」などと書かれた目標に向けてミサイル攻撃の訓練をしているというのです。ミサイルは「極超音速」という部類に入るものだそうですが、動く標的より動かない〝固定目標〟を狙うのは、そのほうが効率的だからだそうです。例えば滑走路を破壊すれば航空機は飛べません。いかに**最新鋭の戦闘機や爆撃機でも、飛べなければ単なる鉄の塊に過ぎない**のです。

「しかも、開発費を別にすれば、ミサイル自体は安く造れます。一方で最新鋭戦闘機やAWACSは、はるかに高額です。安いミサイルで高額の戦闘機などを一気に叩き、無力化する効率性があるのです」と、佐藤氏は記しています。

もちろん〝動く目標〟に対するミサイル開発も盛んです。佐藤氏は「グアム・キラー」というグアムまで届くミサイルや「空母キラー」という、２０００キロ先の空母を撃てるものなどの例を挙げていますが、実物大の艦船や空母に対しての発射実験にも余念がないのです。中国は、虎視眈々と沖縄、日本、そしてグアムを狙っているのです。

加速する中国によるロシア支配

私が見るところ、今後、中国はロシアを支配下に置き、中国のロシア支配が始まると思います。ウクライナ侵攻に当たって、ロシアは中国に積極的支援を求めましたが、中国はそれに応えませんでした。習近平は内心では支援したかったとしても、さすがに国際社会の反発を恐れて、軽々しく動けなかったというところかもしれません。

でも、**ウクライナ戦争が終結したら、もう遠慮はしない**はずです。どういう形で戦争が終わるかにもよりますが、ロシアに対する欧米からの制裁はじわじわと効いてきて、簡単に立ち直れないほどのダメージを与えるでしょう。エネルギー面でも経済面でも中国に頼るしか道がなくなってきます。ただでさえ、中国とロシアではＧＤＰで10倍の開きがあります。世界銀行の統計では、２０２１年度の中国のＧＤＰは17・７兆ドル、ロシアは1・77兆ドルです。これは韓国の1・81兆ドルにも、またカリフォルニア州の3・35兆ドルにも及びません（ジェトロ発表・2021年分）。

今後、ロシアはかなり疲弊するはずです。プーチン体制が継続するにしても、国際社会からつまはじきに合うことは間違いありません。この結果、ロシアがどんどん孤立し、やがて中国に頼らざるを得なくなります。これは習近平の思うツボです。貿易などで蜜月関係にある中国にとって、まことに都合のよい状況が生まれているというわけです。ロシアの中国による属国化が加速していく、と考えられます。

事実、2022年8月17日付けの日本経済新聞は、中国とロシアが「脱ドル」決済網づくりを進めていると報じています。中国、ロシア、インド、ブラジル、南アフリカの「BRICS」を中心に、IMFが危機の際の準備資産として加盟国に分配する「特別引き出し権（SDR）」のようなものを想定しているということです。

ロシアはウクライナ戦争の制裁措置として「国際銀行間通信協会（SWIFT）」から除外され、国際間金融取引に支障をきたしていますが、中国はすでに、これに代わる「中国版国際銀行決済システム（CIPS）」を構築していて、ロシアの決済の代行をしています。脱ドルの受け皿として人民元が力を発揮しつつあるのです。

習近平はロシアを使って北海道を獲りに来る

こうして中国は、ロシアを取り込みながら、ユーラシアの覇者としての地位を確実なものにしていきます。その結果、**南西諸島では中国が、そして北海道ではロシアが、タイミングを合わせて侵攻する**ということが現実味を帯びてくるのです。

米軍のある資料によれば、すでに中国軍の主力戦闘機、戦闘艦艇、潜水艦の数は、アメリカのインド太平洋軍の5倍から5・6倍に達しているそうです。東アジア地域でのミサイル戦力の差は、もっと圧倒的です。

これにもし、北朝鮮が呼応することがあれば、どうなるでしょう。習近平がロシアと同様、北朝鮮を「動かせ」ば、韓国軍と在韓米軍は、それに対応しなければならなくなります。ロシアには北海道の自衛隊が対応するしかありません。そして沖縄は……となると、十分に対応できるとは限らないのです。

ウクライナ侵攻では、中国は表立ってロシア支援に動いていません。私は、習近平はロシアを支援するのではなく、利用したいのだと思っています。だから積極的支援をしなかった。ロシアが疲弊するほうが都合がよいからです。

でもその代わり、ロシアと一緒に極東で軍事演習を展開しています。ロシアの艦隊と一緒になって演習しているのは、北方領土から日本にプレッシャーをかけるためです。

いまは台湾、尖閣諸島のほうが注目されていますが、前にも述べたように北海道を忘れてはいけません。明らかに北海道に興味を持っているロシアがまず動き、それを中国が支援する。ロシアが北海道を占拠したら、それは中国の太平洋への窓口にもなり、中国にしてみれば一挙両得です。

ただ、北海道に関しては、中国は単独で作戦を展開するよりも、ロシアを巻き込んだほうが成功の確率が高いと考えていると思います。もっとも、ロシアにそれだけの能力が残っているという条件付きですが。ウクライナ戦争の前には、世界はロシア軍が強力だと考えていましたが、蓋を開けてみたら、意外とそうでもなかった。もはやかつての力を取り戻すことは、極めて難しいでしょう。

もはや一国だけで守れる時代ではなくなった

ロシアのウクライナ侵攻に対して、ヨーロッパ各国は団結して立ち向かいました。N

ATOという組織があるからです。そう考えると、現代は自国だけで安全を守るのは不可能な時代です。相手が大国であればあるほど、軍事同盟の重要性が増してきます。

日本には日米同盟があり、またQUAD（「日米豪印4カ国戦略対話：Quadrilateral Security Dialogue」）が結ばれつつあります。これは日本、アメリカ、オーストラリア、インドの4か国による外交と安全保障の枠組みです。

インド太平洋地域で膨張を続ける中国の脅威に対抗する非公式な枠組みですが、外交・安全保障にとどまらず、テロ対策、インフラ整備、サイバーセキュリティ、新型コロナウイルス感染症対応、気候変動対策などの幅広い分野においても協力・協調していくというものです。

軍事同盟自体は、第一次世界大戦のきっかけとなった同盟体制がありますが、その教訓を得て、「おたがいの国益」を尊重して行動するようになっています。

台湾有事は、インド以外の各国の「国益」を損なうものですし、インドの場合も、台湾を中国が制圧したら、次はインド洋に展開してくる可能性があるので、その意味では長期的視点に立てば国益にかなっていると言えます。

したがって日本人も「同盟」というものを真剣に考える時期に来ていると言えます。

自国だけで**中国と対抗しようとすれば、軍事費をGDPの10％にしても足りない**かもしれません。もしかしたら核兵器を持たなければならないし、北朝鮮のように国民が兵役を経験しないといけなくなるかもしれません。

日本人は、自分たちの国をそういう国にしたいのでしょうか？　したくないはずです。だから同盟で他国と協力し合って、負担をシェアするのが現実的な方策だと思います。

伝統的な地上戦はウクライナが最後？

現在、アメリカはウクライナにかかりきりで、中国に対しては何もできなくなっているという声がありますが、それは間違いです。

やる気になれば両面作戦も展開できます。ウクライナには武器を供与しているだけであって、軍隊を派遣しているわけではないからです。武器は作れば増やすことができる。そのための予算を85億ドル増強しました。でも民主党政権が防衛予算を増やすのは、普通には考えられないのです。

民主党というのは基本的に防衛予算を削りたい政党で、その分を福祉に回せといつも主張します。今回、超党派的に軍事予算を増大させたのは、ウクライナのためでもありますが、**ロシアを叩くことが中国を牽制することにつながる**からです。やはり最大の脅威は中国なのです。

第2章で「台湾有事は日本有事」であることを説明しますが、その際に台湾人がどこに逃げるかというと日本でしょう。難民問題も発生するでしょうが、台湾軍が自衛隊と米軍の基地を利用することになります。台湾有事はこれほどの大問題なのです。

これは宇宙戦争に発展する可能性もあります。中国がアメリカの軍事衛星を攻撃し始める危険性が現実にならないとも限らないのです。だからアメリカは「エアフォース」(空軍)の他に「スペースフォース」(宇宙軍)を新たに創設しました。米軍は陸軍、海軍、空軍、海兵隊、沿岸警備隊、そして宇宙軍という体制になりました。宇宙も今後の覇権争いの舞台になり、日本もそこに協力する意思を表明しています。

実は私は、戦車や歩兵が主役になる歴史的な地上戦というのは、今回のウクライナ戦争が最後かもしれないという気がしています。陸上の戦争ではやはり戦車が重要な役割を果たしますが、戦車の射程距離はそれほど長くないのです。

代わって今後は、ミサイル、ドローンが主役になるような気がしています。ドローンはやっかいな武器で、低空を飛ぶのでレーダーで察知しにくい。

またウクライナ戦争では、黒海の海中にロシアの原潜や通常潜水艦が潜んでいるというのは疑いのないところです。原潜はミサイルを撃つことはできますが、原則として核弾頭搭載なので、なかなか使えないのです。いくらプーチンでも、核攻撃をしたら、その後どうなるかはわかっているはずです。

つまり、第二次世界大戦式の戦闘はウクライナで終わりを迎えるでしょう。今後は世界の戦争の形態が変わってくるような気がします。

小規模の地上戦はまだ残るでしょうが、戦闘機や爆撃機を駆使するほか、いわゆる情報戦、宇宙戦争、ミサイル、ドローンが戦闘の中心になる可能性が高いと思います。ますますそういうハイテク中心になるので、日本もそれに対応する戦略を確定させる必要があります。

第2章

台湾有事は明日にでも起こる

台湾併合で歴史に名を残したい習近平

2022年秋の第20回中国共産党大会で、習近平主席は異例の3期目の続投を決め、自分一人に中国共産党指導部の権限、つまり国家の権力を集中させてしまいました。そして2023年の「全国人民代表大会」で承認されました。かつて「改革・開放」政策を唱えて現代中国の力の源泉を築いた故・鄧小平《とうしょうへい》主席は「個人崇拝排除」「集団指導体制確立」を厳命したのですが、この遺訓があっさりと破られてしまったのです。

ライバルだった人物はことごとく排除され、習近平は自らの方針に忠実な部下だけで政権を固めました。胡錦濤《こきんとう》前主席などは党大会のひな壇から半強制的に連れ出されてしまったほどです。同志社大学特別客員教授の兼原信克氏はこれを見て、「まさに皇帝としもべという形容がぴったり。習近平永続王朝の誕生です」と評しています。

私が怖いのは、習近平が国民の間に根強い人気があることです。ゼロコロナ政策で迷走したり、「習近平辞めろ！」と暗に訴える「白紙デモ」が登場したりして、西側諸国は「体制の揺らぎ」を期待したようですが、それほど脆弱《ぜいじゃく》ではありません。

その人気の背景には、彼自身が「汚職絶滅」を旗印にして、大衆の根強い不満をすくい上げたことがあります。これまで中国共産党幹部の多くは、汚職と賄賂、職権乱用で地位を築いてきましたが、彼はその摘発で民衆の人気を集め、「クリーン」なイメージを打ち出すための武器にしてきました。それどころか、それを政敵追い落としの手段として体制固めに利用してきました。

大衆が「イメージ」に惑わされて為政者の言いなりになるのは、あのヒトラーの例を見るまでもなく、洋の東西を問わず、歴史が証明しています。

中国が大衆を縛るための巧妙な情報統制を徹底している国なのは、西側諸国の常識です。でもその反面、「愛国」という言葉や「国家の威信発揚」という勇ましいスローガンは、大衆の気持ちを高揚させるのです。おそらく習近平という人は、その戦術を熟知している人なのでしょう。だからこそ怖いなあと、私は感じています。

その習近平が今度は、「歴史に名を残す」道を選びました。それが、これまで、どの共産党幹部もできなかった「台湾併合」です。習近平はこの事業を成功させて、**毛沢東《もうたくとう》や鄧小平に肩を並べる歴史的英雄になりたい**のです。定年制を廃止して「終身独裁」の地位を得たのも、自分の手でそれを成し遂げたいという気持ちがあるからです。

いうまでもなく、毛沢東は中国共産党と中華人民共和国建国の立役者であり、鄧小平は文化大革命の混乱を収束し、改革開放路線を推進して、中国をGDP世界第2位の経済大国に押し上げる礎を作った人物です。習近平はこの二人に肩を並べたい。そのためにも、この二人でさえ成し遂げられなかった「台湾併合」という偉業を達成するほかないと、彼は強く思っているはずです。

中国国内に高まる「台湾統一」の気運

中国共産党大会での習近平演説で、彼からは「台湾に対する武力行使も辞さない」という強い言葉も飛び出しました。

ウクライナ戦争を目の当たりにして、世界は敏感に反応しました。中国国内でも同様です。しかし西側諸国のように「一方的な侵略は民主主義への挑戦だ」というものではなく、むしろその逆で「民族統一は民族の権利だ」という認識なのです。会場では、習近平演説の台湾への言及に、「拍手」が鳴り止まなかったそうです。台湾統一への「期待」が高まってしまっているのです。

そこで習近平は、自身が〝皇帝〟の座にある間に、台湾を併合しようとするでしょう。

その第一歩として、この党大会で党規約に「台湾独立に強い警戒感を示す」との文言が盛り込まれました。この数年の**台湾・蔡英文《さいえいぶん》総統と民進党に対する敵愾心《てきがいしん》を改めて表明し、中国の不退転の決意を明確に表現した**のです。

すでに中国は2005年に「反国家分裂法」という法律を作り、「中国を分裂させるような行動、つまり中国の一部である台湾が独立を宣言するようなことがあれば、台湾への武力行使の可能性もある」と示唆しています。つまり台湾が「自分たちは共和国として独立する」と宣言した途端、中国軍が台湾に攻め込むということです。

しかも「中国人民解放軍は外部勢力からの干渉に対して明確に武力を行使する」と明記しています。アメリカと日本を強く牽制しているのです。蔡英文総統はそれがわかっているので、「独立」という言葉は決して口にしません。「台湾と中華人民共和国はやり方が違います」と表明してきていました。そこで、もはや「反国家分裂法」ではなまぬるいと考えたのでしょう。「強い決意」で新たな脅しをかけてきたのです。

今後一層、中国は台湾への軍事圧力を強めていくはずです。それは、2049年に「社会主義現代化強国」となって、「中華民族の偉大なる復興」を実現するのを目標にしているからです。「民族の復興」とは、アメリカを追い越し「中国中心の世界」を実現することを意味します。台湾統一は、この戦略を推し進める上で欠かせない最大のピースなのです。

では具体的に、習近平政権は台湾統一に向けてどんな政策を取ろうとしているのでしょうか。まずは統一に向けての軍事力増強です。いまでも、中国は台湾西部へのミサイル攻撃能力を完備していて、残る課題は東部への上陸戦に向けての揚陸艦の装備と制海権、制空権の確保です。2025年には配備し終わるだろうというのが台湾国防部の見解です。

しかし中国は、その十分な軍事力を直《ただ》ちに使おうとはしないでしょう。むしろ**演習などを通じて圧倒的な戦力差を台湾社会に見せつけ、台湾社会と蔡英文政権にダメージを与えようとする心理戦を展開**していくはずです。さらにはサイバー攻撃も頻繁になっていくと思われます。

いずれにしても、中国はこうした手段を通じて、「台湾は独立どころか、現状維持さえ困難だぞ」と台湾に脅しをかけているのです。「中国と統一するしかない」と台湾社会に思わせていくのが、現在の中国の姿勢なのです。

ただ、台湾も中国の圧力に押される一方ではありません。そこで習近平政権が「いまのままではらちがあかない」と判断したときは、軍事的な圧力をさらに強めると思われます。事態はエスカレーションしていくはずです。

「台湾同胞」は統一など願っていない！

習近平は演説で「台湾の統一は中華民族の人々の共通の願い」だと述べています。台湾には中華民族以外の諸民族もいるのですが、彼らも「中華民族」としてひとくくりにし、「台湾の人々も中華民族だから統一を願っているはずだ」というのが中国の基本方針です。つまり中国が一方的に統一を押し付けるのではなく、あくまで中国と台湾社会との「共同作業」として統一を実現するという建前なのです。

ということは、「統一を目指さない」台湾独立を目指す勢力は、当然、ここから排除されます。そのため、「外部勢力からの干渉とごく少数の『台湾独立』の分裂活動」に対しては武力行使も辞さないとしているのです。でも「台湾独立を目指す勢力は〝ごく少数〟なので、〝広範な台湾同胞〟は統一を目指すはずだ」というのが、中国の言い分です。

しかし、これは中国が勝手に主張するもので、台湾には統一を目指す「広範な台湾同胞」などは極めて少ない。ほとんどいないということを習近平は承知しています。しかし公に認めるはずはありません。蔡英文政権と与党民進党が、「統一を目指す広範な同胞を抑圧し、統一を妨げている」と主張し続けるでしょう。

そう、これはどこかで聞いたような言葉です。ロシアのプーチン大統領がウクライナに一方的に侵攻したときの「ウクライナの同胞が虐げられている」というのと同じセリフです。

台湾は中国共産党のものではない

台湾にはそもそも、マレー・ポリネシア語族の先住民が住んでいました。中国の歴代王朝は「こんなちっぽけな島」にはさして関心を示しませんでした。

17世紀にオランダとスペインが一時期、台湾を占領するのですが、そのオランダを破ったのが明代末に活躍した鄭成功《ていせいこう》です。彼は「反清復明《はんしんふくみん》」をスローガンに明朝再興のために各地で清軍と闘い、輝かしい戦果を挙げ、明朝に忠儀を尽くした武将です。最後はいまの台湾にいたオランダ軍を追い出した後、明朝の拠点を設けて台湾建国の祖となりました。

しかし鄭成功は清朝に敗れ、以後、台湾は清国領になりました。それから約200年後、日清戦争で日本が勝利し、台湾は日本に割譲されます。そして太平洋戦争の日本の敗戦により、台湾は蔣介石政権の中華民国に編入されました。しかし、蔣介石の国民党軍と毛沢東の共産党軍の「国共内戦」の結果、敗れた国民党軍は台湾に渡り、「国民党政府」を樹立したというのが歴史の経緯です。

国共内戦に勝利して「中華人民共和国」を建国した毛沢東は、台湾を「解放」するため、対岸の福建省に大軍を集結させますが、折悪しく**朝鮮戦争が勃発、北朝鮮側に兵力を回さなければならなくなってしまう**のです。そこで急遽、中国は台湾制圧を先送りにし、「義勇軍」という名目で北朝鮮を軍事的に支援したのです。

つまり、歴史上これまで、台湾が現在の中華人民共和国の支配下にあったことは一度もないのです。それでも習近平政権は、「先送りにしていた台湾解放」を実行し、「世界を漢民族が支配する」という中華思想の実現に向けて動き出したのです。

習近平が「南シナ海は中国のもの」と強弁し、多くの基地を建設する論理の背景には、

「明のこの鄭成功の時代に南シナ海を支配した」という理屈があるのです。中国が〝最も輝いていた〟明の時代に築いた大帝国の威光を取り戻したい。それが「大中国復興」という夢につながると考えているわけです。

ちなみに、習近平政権は15世紀にアフリカまで大航海した「鄭和《ていわ》」の功績も強調しています。これが「海のシルクロード」、つまり「一帯一路」の「一路」構想の実現につながるからです。しかも鄭和のシルクロードは紅海の入り口で止まっていますが、習近平の「一路」は紅海からスエズ運河を抜けて地中海へと延び、一方、アフリカ大陸東沿岸を南下してアフリカ大陸奥部にまで及んでいるのです。

一帯一路は「新植民地主義」そのものだ

習近平は、国家主席に就任してまだ間もなかった2013年、中国の周辺外交の軸として、また新しい対外開放戦略の一環として「一帯一路」構想を打ち出しました。すでにご存じでしょうが、これは中国西部から中央アジア・ヨーロッパを結ぶ「シルクロード経済ベルト」(一帯)と、中国沿岸部から東南アジア、インド洋、アラビア半島、そ

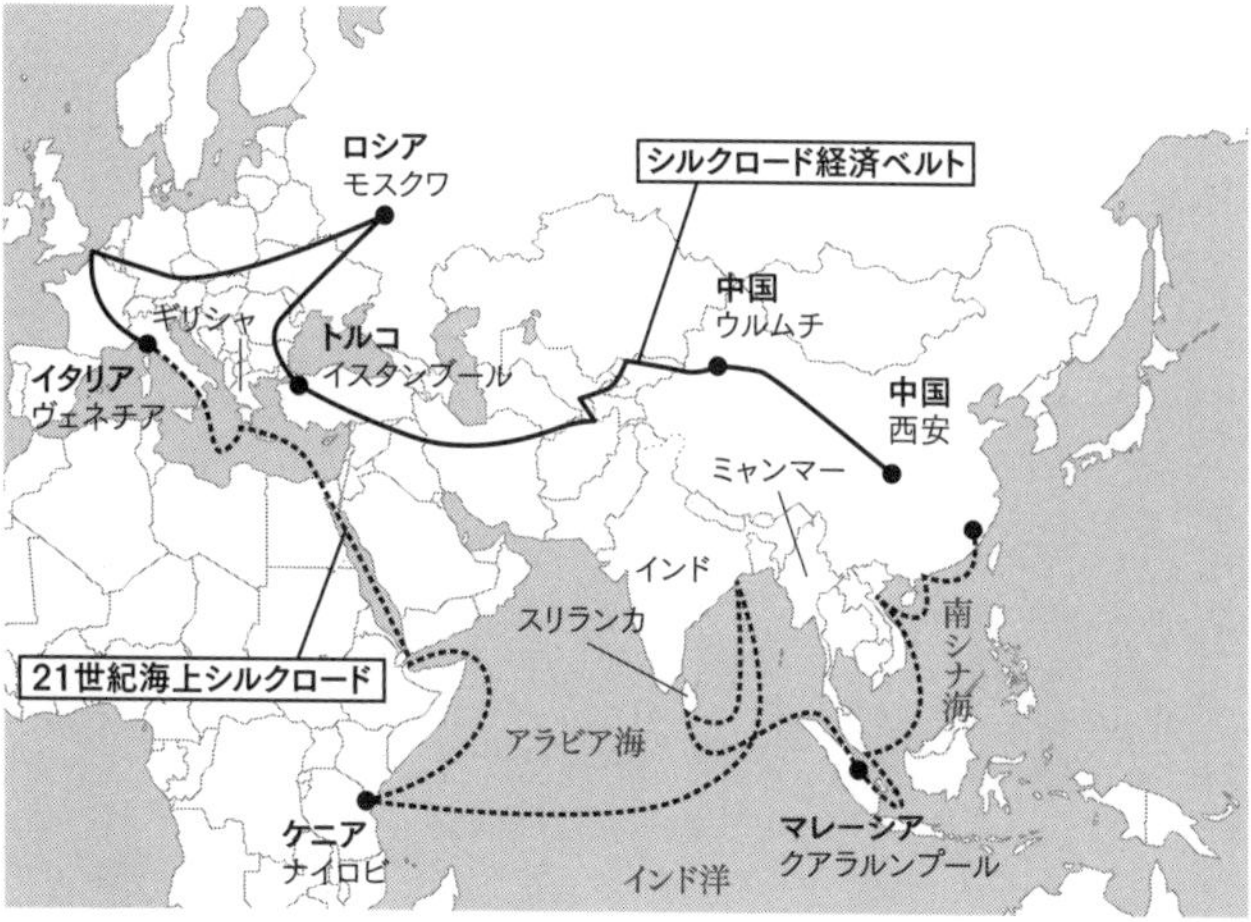

●中国が掲げる「一帯一路」構想　参考：中国中央電視台（CCTV）

してアフリカを結ぶ「21世紀海上シルクロード」（一路）からなります。アジアとヨーロッパを陸路と海上航路でつなぐ物流ルートを作って、貿易を活発化させ、経済成長につなげようというものです。

でもこれは、中国による「新植民地主義」でしかありません。大昔にヨーロッパがやったのと似たやり方で、「借款」を押し付けて**借金漬けにし、返済できないときには植民地にしてしまう**という考え方です。

主に発展途上国に多額の借款を提供したり、港湾や鉄道、道路、発電設備などのインフラを整備して、それにかかった費用を何十年かの期間内に返済してもらう仕組みです。しかし最近、アジアやアフリカの途上国も「債務の罠」に気がつき始め、警戒が強まっています。

投資を受けた途上国は、インフラ整備のために受けた借款を本当に返せるのか、経験がないからわからない。借金が膨らんで返済できなくなってしまうという問題が起こる。これが「債務の罠」です。

アメリカの研究機関「世界開発センター」の調査では、ジブチ、キルギス、ラオス、モルディブ、モンゴル、パキスタン、タジキスタンなどが、この「罠」にかかっているとされています。このプロジェクトを通じて、それぞれGDPの45%以上を中国に依存していて、支配権を中国政府に明け渡すことになる危険性があるのです。アフリカ諸国は、中国が国家別に資金を貸し付けている国の上位50か国の半分を占めていて、負担が大きいといいます。

アフリカの国ではありませんが、例えばスリランカ。中国から融資を受けてハンバントタ港という大きな港を建設し、港を利用する船からの使用料で借金を返済しようと考えましたが、地理的に不便な位置にあるので利用率が伸びず、投資資金を十分に回収できませんでした。それで仕方なく、「返済の代わりに全面的に中国に港を貸す」という形で、2017年から99年間にわたって港の運営権を中国に引き渡してしまったのです。

99年間というのは、イギリスが香港を統治していた期間と同じです。今後インド洋で、中国海軍のプレゼンスが高まるという危機感が生まれます。

私は、一帯一路は単なる経済支援ではなく、中国が安全保障上の権益を睨《にら》んで展開していると考えています。だから「新植民地主義」と呼ぶのです。中国は最初から、経済的合理性よりも政治的な戦略性を優先して、**発展途上国を借金漬けにし、自分たちの影響力を強くしようとしていた**のです。

中国はスリランカのハンバントタ港のほか、オーストラリアの港でも99年間の運営権を獲得していますが、インド洋では中国からヨーロッパに向かう海上交通路（シーレーン）の要衝を見事に押さえています。しかも、オーストラリアの港は、アメリカ海兵隊が駐留しています。その首根っこを押さえたというわけです。

これだけを見ても、「相手国のインフラ整備援助」などは名目に過ぎず、政治的戦略性が強いことは明らかです。

中国がインド洋で押さえた港の形状を「真珠の首飾り」と呼びます。インド半島を人間の顔に見立てた場合、中国が整備した港が「首飾り」の形のようになっていて、海上航路でつながっている。中国によるインド包囲網です。もし、中国がこうしたインド洋の港の運営権を獲得すれば、軍艦や潜水艦を寄港させることも可能です。インドはそれに反発し、中国と対立しています。だからこそ日本はインドと緊密につながる必要があるのです。

しかも**中国のインフラ整備工事は、現地の経済にまったく恩恵をもたらさない**そうです。例えばキルギスで金鉱が発見されたとき、中国は周辺に工場を建設したのですが、そこで現地の人間を雇おうとしないのです。労働者はもちろん、コックや性産業の女性まですべて中国人。せめて現地の人間を雇い入れてドルを還元すればいいのに、開発から作業まですべてを独占して利益を持ち帰るのだそうです。

ほんの一部、現地に落ちるマネーは、政治家や政府の役人がポケットに入れてしまうといいます。それでは現地は何の恩恵も受けない、むしろ迷惑でしかない。でも中国はアフリカ諸国でも東南アジア諸国でも、まったく同じ手法で、多くのプロジェクトをこなしてきました。

キルギスとラオスは、中国の最大の債務国だそうで、貧しい国々は潤沢な貸付金に目が眩《くら》んで、それが破滅への道だとわかっていても、踏みとどまることができない。しかし、「一帯一路」の開発計画に乗っても、まったく利益につながらないので、現地からは反発が広がっています。

「華夷秩序」の意識が拭えない中国

辞書によれば「復興」とは、「いったん衰えたものを、以前のような旺盛な状態に戻すこと」だそうです。ではその「旺盛な状態」とはなんでしょう？

「中国人にとっては華夷秩序《かいちつじょ》のことです」と評論家の石平《せきへい》さんは、かつて私に教えてくれました。「華夷秩序」とは、中華思想にもとづく国際関係を示す言葉だそうです。

そこには「中国の皇帝が世界の頂点に君臨し、周辺の野蛮な民族（東夷《とうい》・南蛮・西《せい》戎《じゅう》・北狄《ほくてき》）を服従させ、世界唯一（最高峰）の文明である中国文明を広め、教化していく」という考え方が根本にあります。自分たちが「唯一絶対」で、その他の民族ははるかに低い位置にあるという世界観。俗にいう「中華思想」です。

この自民族絶対主義の観念を広めたのが孔子です。孔子は「たとえ周辺の蛮族が君主に統治されているにしても、それは君主不在の中国にも及ばないほど低俗な状態でしかない」と『論語』で語っています。

この考え方に従えば、「野蛮なる周辺民族」を中国が「教化」し、平定していくことや、低俗な周辺国家が中国の意向に従うのは当然ということになります。中国皇帝は世界唯一の絶対的支配者なのですから、中華帝国は世界を自分の手に握るのは「当然」であり、他国の領土を中国が占領するのは理にかなっているというわけです。実に驚くべき独善性だと思いませんか。

だから中国はチベットや新疆ウイグル自治区を制圧して、中華帝国の威光で「解放」したのです。中華人民共和国の「人民解放軍」は国民党支配の〝悪政〟から人民を「解放」し、チベットも新疆ウイグルも「解放」しました。香港もマカオも終わり、「次はいよいよ台湾だ」ということになるのです。

確かに、近代に差し掛かる過程で漢民族の中国は完全に没落しました。満州民族・清朝に屈服し、そして清朝の滅亡以降、中国は典型的な発展途上国に成り下がってしまいました。習近平はこの「華夷秩序」を数百年ぶりに復興させたい、その悲願を決してあきらめないというのが石平さんの意見です。

そのために習近平が打ち出したのが「一帯一路」構想。要するに、これらの地域に膨大な中国マネーを投下し、インフラ整備を施し、経済・貿易関係を構築するという構想

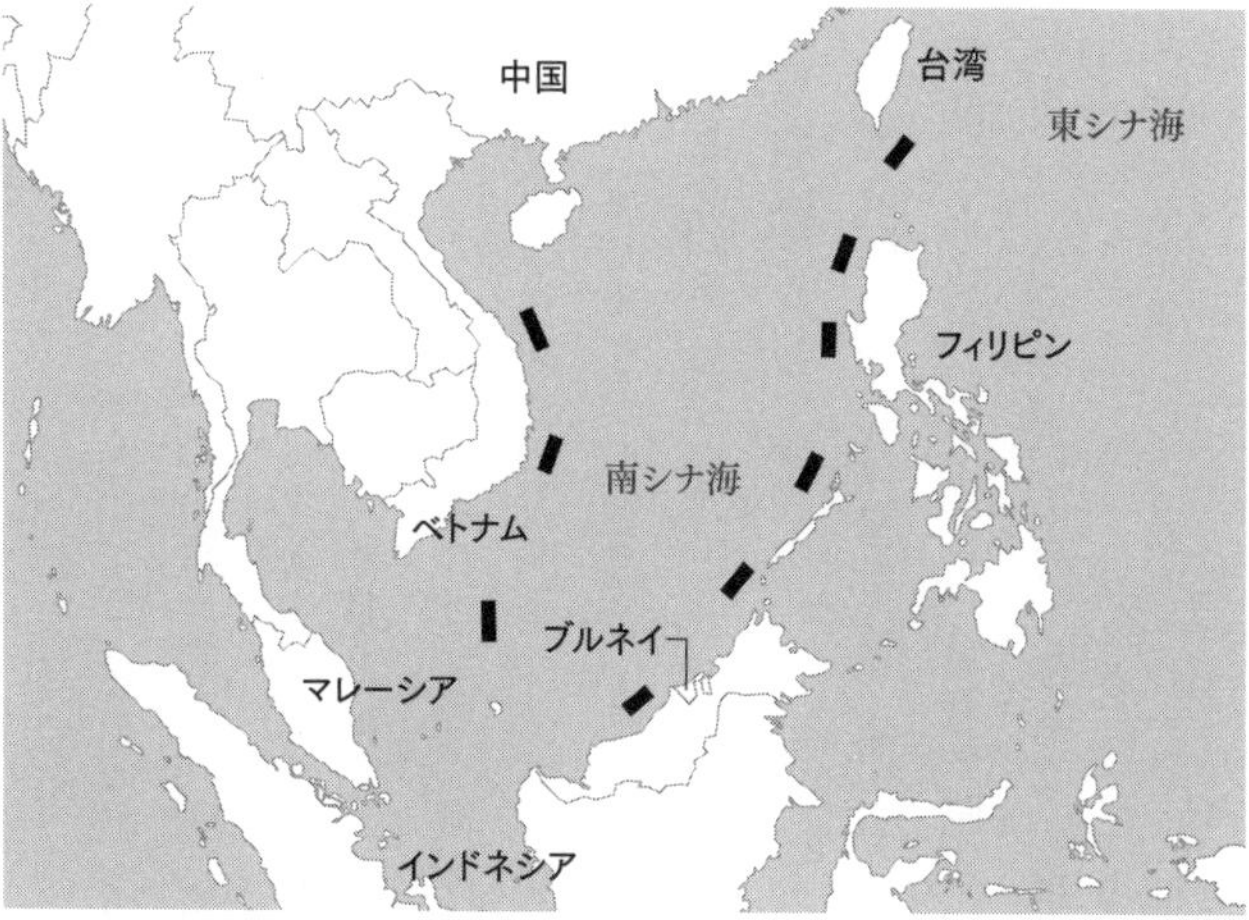

●中国が独自に主張している「九段線」

のこと。「ともに幸福になるための運命共同体」と謳《うた》っていますが、各地で様々なトラブルを引き起こしているのは先に述べた通りです。

その一方で、大中華構想を実現するために、中国は南シナ海で強引な「力による現状変更」を引き起こしています。端的に言えば軍事支配です。「九段線」という線を地図上に勝手に引き、この9本の線に囲まれた海域を「自国の領海」と主張して勝手放題に振る舞い、**フィリピン、ベトナム、マレーシア、インドネシア、ブルネイらの東南アジア諸国と領有権をめぐる紛争状態を引き起こしている**のです。

これは蔣介石の中華民国政府が勝手に領

海の範囲として設定した「十一段線」を下敷きにしていて、歴史的根拠も国際的な正当性もまったくないものです。したがってフィリピンが「国際海洋法条約違反」だとしてオランダ・ハーグの常設仲裁裁判所に申し立て、この仲裁裁判で「中国の管轄権の主張に根拠はない」という裁定が出たにもかかわらず、中国はこれを歯牙《しが》にもかけません。「一帯一路」と「南シナ海支配」に躍起になるかたわら、中国は「まずはその前に台湾併合を」と考えているはずです。共産党規約に「台湾独立に強い警戒を示す」との文言が入ったことがその証明でしょう。

繰り返しますが、台湾は中国共産党にとって〝未解放〟の地域なのです。「武力使用の放棄を約束しない」という文言を今回入れたことは、絶対に「奪回」するという強い決意の表明なのです。

中国の歴史的な経緯では、領土を拡張する皇帝は「英雄」であり、奪われた皇帝は「無能」とされています。習近平個人の野望と同時に、共産党統治の正統性を主張するために、台湾奪取は避けて通れない道なのです。

「第一列島線」を勝手に主張してやりたい放題

ここまで、「中華民族の悲願」という視点から習近平が執拗に台湾を狙う理由を説明してきましたが、もちろん、世界一の「帝国」になりたいという野望も無視できません。それには台湾併合が欠かせないのです。ライバルはアメリカです。今後、**アメリカと世界の覇権を争うためには、どうしても台湾が必要**だからです。

というのは、台湾が「太平洋」「東シナ海」「南シナ海」という3つの海を結ぶ位置にあるからです。そしてフィリピンとの間には「バシー海峡」があり、中国との間には「台湾海峡」が横たわっています。

いうまでもなく、戦争に欠かせない石油や食料、弾薬などの補給を考えた場合、シーレーンの支配権を握ることが重要です。物資や兵員の輸送だけでなく、海を制圧していれば、空母という〝滑走路付き〟の基地を運搬することができます。

しかしそれは、海峡を自由に航行できるという前提があってこそです。ひとたび海峡が封鎖されれば、すぐに物流が滞ってしまいます。船を〝生かすも殺すも〟〝通すも通さぬも〟海峡次第なのです。

現在、中国の海南島には中国海軍の主要基地（楡林《ゆりん》基地）があります。ここから**潜水艦や艦船が太平洋に出るには、バシー海峡を通るのが最も安全なルート**なのですが、そのルートをふさぐように横たわっているのが台湾島です。だから中国は、何としても台湾を手中に収めたいのです。

そこで中国は「第一列島線」「第二列島線」「第三列島線」などという形で東シナ海に勝手に線を引き、「自国の海域」と一方的に主張しています。

第一列島線は、中国の対米防衛線で、「このラインの内側に米軍が接近するのを何が何でも阻止する」という目標ライン。日本の九州を起点に、沖縄から台湾の東側を抜けて、フィリピン、インドネシアのボルネオ島に至るラインのこと。中国海軍・空軍が策定した最低限の対米国防作戦区域です。

台湾有事の際には、ここが最重要作戦海域になります。南シナ海・東シナ海・日本海に米空母や原子力潜水艦が侵入するのを阻止するライン、つまり中国の台湾制圧に不可欠なラインで、ここで制海権を握ることを目標にして中国は戦力を整備し、そのための作戦活動を繰り返しています。

そして第二列島線は、伊豆諸島を起点に、小笠原諸島、グアム、サイパン、パプアニ

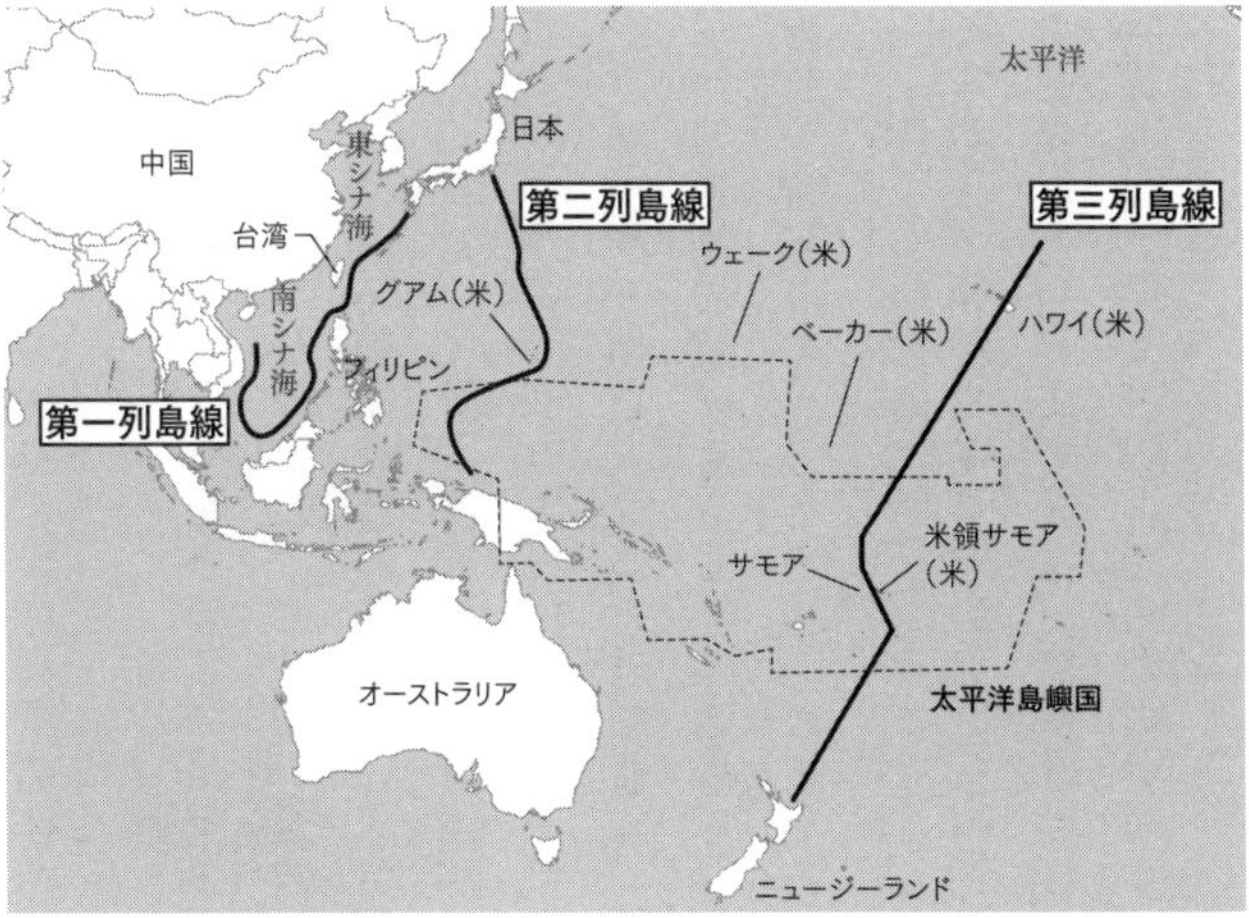

●中国の対米防衛線

ユーギニアへと至るライン。ここも台湾有事に際して、中国海軍がアメリカ海軍の増援を阻止・妨害する海域と推定されています。

近年中国は、第一列島線を越えて、第二列島線付近でも海洋調査を頻繁に行っています。しかし他国の排他的経済水域（EEZ）では海洋調査はできないという国際ルールを無視しているため、第二列島線付近にある沖ノ鳥島周辺で、日本の海上保安庁と緊張関係にあります。

そもそも、第一列島線は日本や台湾を含む諸外国・諸政権の実効支配下にあるのです。しかし中国がそれを無視するだけでなく、はるかに突破して第二列島線まで進出を目論んでいるのは、沿岸海軍の枠を超えて外洋海軍へ変貌したいという意欲の表れだと考えられます。

中国海軍は、2020年までに第二列島線を完成させる計画でしたが、現状、計画通りには進んでいません。ですが、2040年〜50年までに西太平洋やインド洋で米海軍に対抗できる海軍を建設するという目標は変えていません。

そのため、インド洋では中国海軍がミャンマーと軍事協力関係を結び、ミャンマー西端バングラディシュ国境付近の港を租借し、中国の海軍基地として活用しています。インド洋支配の拠点となるだけでなく、国境紛争や核開発問題でライバル関係にあるインドへの牽制の意味もここには込められています。実際にインドに対する情報収集や情報操作を展開しているとも言われているほどです。

また、パキスタン西部のグワダルという港を起点に、パキスタン国内とカラコルム山脈を越えて新疆ウイグル自治区への物流ルートを構築するために、中国が港湾整備に莫大な援助を行っています。整備が完了した暁には、商用・民間用途だけでなく、中国の海軍基地が置かれるとみられています。

第三列島線が世界支配の布石？

　そして第三列島線は、アラスカ南部からハワイ、米領サモアに至る、太平洋中心部を貫くラインです。現在のところ、ここはまだ中国の手がつけられていません。しかし、中国はかつて15世紀に大西洋で領土が線引きされた「トルデシリャス条約」（スペインとポルトガル両国間で成立した支配領域分界線を定めた条約。後にスペインがアメリカ大陸の大部分、ポルトガルがブラジルを領有する根拠となった）のように、**西太平洋は中国、東太平洋はアメリカという具合に、支配域の分割を目論んでいる**という説もあります。

　現在のところ、中国は総合的にはアメリカの海軍力・空軍力の後塵《こうじん》を拝しています。そのため米空母、原潜の南シナ海や東シナ海、日本海への侵入を阻止しようと、「列島線」という形で島嶼《とうしょ》を天然の防波堤として利用したいと思っているのです。

　ただし、世界中に軍事力を展開するアメリカに比べ、当面、東シナ海、南シナ海に兵力を集中できる中国のほうが優位で、近い将来、アジアでは米中の軍事力が逆転するという予測もあります。万が一、米中の軍事力が逆転したら、「列島線」はますます中国に有利に働くに違いありません。

しかし、そもそもこの「列島線」は中国のものではなく、同盟国でもない日本や台湾、フィリピン、インドネシアの領土や領海なのです。それをまったく無視して、日本、台湾、フィリピン、インドネシアを、まるで属国のように扱い、自分勝手に作り上げたシナリオを押し付けて、他国の領土や領海を自国の防衛線に設定しているのは、あまりにも横暴だとしか言いようがありません。

これこそが中国の覇権主義であり、恐ろしさなのです。しかもこの区域内には南沙諸島、尖閣諸島、東シナ海ガス田など、領土問題やエネルギー問題が横たわっています。当然、周辺諸国との軋轢《あつれき》を生みますが、中国は「どこ吹く風」なのです。

台湾に話を戻します。台湾は中国大陸の横にあって、中国が太平洋に進出する際の邪魔になる。だから中国は台湾を併合したいということです。後述するように、沖縄も同様の位置にあり、だから沖縄も自分たちのものにしたいというのが中国の思惑。そして**尖閣諸島は、台湾と沖縄を占有するためのキーストーン**になります。だから中国は尖閣諸島の領有権を主張しているのです。

2024年、台湾海峡に緊張が走る?

2024年1月には台湾で総統選挙が実施されます。11月にはアメリカ大統領選挙も控えています。総統選挙では与党民進党の勝利が予測されますが、地方選挙敗北の責任を取って党首を辞任した蔡英文総統はお役御免になります。代わって頼清徳《らいせいとく》副総統の総統就任の可能性が高いというのがもっぱらの観測です。頼副総統は蔡英文総統の政策を継承すると表明していますが、中国に対してより強硬な政策を取る可能性もあります。

アメリカでは、トランプ前大統領再当選のケースも取りざたされていますが、私個人はその可能性は低いとみています。しかしバイデン体制もしくは民主党政権が続くかどうかは予断を許さず、共和党政権になった場合はトランプ政権以上の保守派の台頭も予測され、対中国政策も強硬になる可能性があります。いずれにしろ、アメリカの対中国政策の今後は未知数で、台湾がどんなふうになるかは予断を許しません。

習近平は、こうした不確定要素は織り込みずみだと思います。おそらく2024年に向けての動向を慎重に見据えながら、虎視眈々と台湾を狙っているはずです。

例えば、台湾総統選で民進党の頼清徳氏が当選するとしましょう。頼氏は自他ともに認める「台湾独立派」で、議会でも「台湾は主権を持つ独立国家だ」と発言しています。習近平は民進党を「独立派」と見ているので、頼氏の総統就任を「独立の動き」と判断するかもしれません。

アメリカで民主党政権が続いた場合は、もちろん頼政権を支援するはずです。現にバイデン政権は台湾の安全保障を促進する「台湾政策法」を施行しました。バイデン大統領はニクソン政権以来の「あいまい政策」に終止符を打ち、台湾防衛に「YES」と明確に答えているほどで、アメリカは「介入する」意思を示すことで中国の武力統一を抑止しようと考えているのです。習近平はこれに対しても、台湾独立の支援と見なす恐れがあります。となると2024年は、習近平が「併合へのタイムスケジュール」を発動する第一歩となる可能性があるのです。

まともな指導者なら戦争は考えないはずですが、しかしロシアのプーチンのように、「うまくやれば短期間で勝てるかも」と計算を間違えたときに不幸な事態が発生する可能性もあります。とくにプーチンや習近平のような独裁者が君臨する国では、指導者に諫言《かんげん》する者がいなくなり、指導者が暴走する危険性があるのです。

台湾併合は習近平の夢です。彼は文化大革命で悲惨な目に遭い、愛も自由も民主主義も、法の支配という概念すら信用していない人間です。彼の頭の中には「弱肉強食」「適者生存」「個人崇拝」という概念しかありません。彼は「新中華帝国の皇帝」として、**毛沢東のやり残した偉業を達成して歴史に名を残す**という〝妄想〟を実行に移す手段を手にしています。だからこそ、世界は危険にさらされていくのです。

軍事演習で台湾を事実上封鎖

台湾問題を語るときは、中国が2022年8月に発表した「台湾白書」に注目する必要があります。アメリカとの対決姿勢が強調されているだけではありません。私が注目しているのは、統一する過程で「民進党排除」を明言していること。しかも統一後の台湾は香港並みの政治制度に制限されているのです。やはり「一国二制度」は絵に描いた餅でしかなくなるでしょう。

台湾併合に関しては、人民解放軍が海を渡って台湾島に上陸し、そこで地上戦を展開するという想定を、当初、中国は考えていたと思います。でも、それがうまくいかないことをウクライナで学んだ。だからもっと上手なやり方、台湾人をだまして併合してしまうという方法などに力を入れていたのですが、香港問題で完全につまずいてしまった。「台湾の一国二制度」という虚言が通じないことがわかってしまったのです。

こうなってくると、やはり軍事侵攻に舵を切る可能性が高いはずです。22年8月のアメリカのペロシ下院議長の台湾訪問に中国は猛反発し、人民解放軍が大規模演習を実施したことは記憶に新しいでしょう。軍事の専門家に聞くと、日本の排他的経済水域を含む海域にまで演習域を拡大したことに大きな意味があるそうです。それは台湾有事が勃発して米軍が介入した場合、日本は後方支援をする可能性がありますが、「日本が深入りすれば、日本近海まで戦域が拡大するぞ、それでもいいのか」と脅しているのです。

もちろん、専門家もすぐに中国が台湾島に上陸するとは考えていません。むしろ、今後も同じように大規模演習を通じて軍事的なプレッシャーをかけ続け、台湾側に力の空白が生じるのを待っているのではないかというのです。

確かに、本格的に台湾島に侵攻するのは簡単ではありません。でも、南西に位置する東沙《とうさ》諸島など台湾領の離島部に侵攻するのは難しくないはずです。台湾軍は本島の防備で手一杯でしょうから、離島にまで手が回らない。米軍も簡単に手は出せないでしょう。中国は、こうした作戦でじわじわとプレッシャーをかけ続けるのです。台湾島への直接侵攻にはリスクが伴うので、演習で脅しをかけ続けるほうが得策なのは明らかです。

「中国はロシアのウクライナ侵攻で教訓を得たのではないか」と語る専門家もいます。ロシアのウクライナ侵攻がプーチンの思惑通りに進まなかったのは、ウクライナの防空システムを完全に突破しきれなかったからだと言われています。台湾侵攻でも、台湾側が中国のミサイルやサイバー攻撃を予期して周到な準備をしているので、中国軍が簡単に制空権を握るとは考えにくいそうです。

また台湾側の地対艦・空対艦ミサイルによる防備能力は高いものがあるので、制海権掌握も簡単ではないそうです。中国はそうした**ロシアの作戦面の不備を逐一検証して、台湾侵攻の綿密なシミュレーションを行っている**というのです。

考えてみれば、ウクライナ侵攻で、「瞬く間にウクライナを席巻する」と見られていたロシア軍は、燃料や弾薬が前線に届かず悲惨な状況にあります。陸上で国境を接しているウクライナでさえこの有様なのに、中国と台湾の間に横たわる海峡を渡って大兵力を台湾島に送り込めるのかどうか、それも難題です。

実は、中国には上陸部隊を運ぶ艦船が不足しているという情報があります。民間船を総動員しても、台湾を制圧できる兵員を送り込むには足りず、簡単に上陸作戦が遂行されるとは思えないという説が根強いのです。ある程度の被害も想定しなければならないし、兵員だけでなく武器・弾薬・燃料・食糧・医薬品の補給も不可欠だし、負傷者や戦死者の遺体搬送も必要です。つまり、周到な準備なしには上陸作戦には踏み切れないのです。

しかも仮に台湾を制圧したとしても、安定的に統治できるのかどうか……下手をすると新疆ウイグル、チベット、香港に続く、新たな火種を抱え込むことになりかねません。でも、そうした問題が解決可能という確信を得たときに、中国は侵攻に踏み切る可能性があると思います。それがいつになるか、はっきりと予測はできませんが、そう遠くないことだけは間違いないのです。

勝者はいない台湾侵攻の悲惨な結末

2023年の1月、アメリカの戦略国際問題研究所（CSIS）が、台湾有事に関する報告書を発表しています。有事の想定は2026年です。戦闘開始から数時間で、中国の砲撃によって台湾軍の航空機・艦艇がほぼ壊滅し、中国海軍の艦艇が台湾島を包囲し、外からの救援を阻止するといった設定でそのシナリオは始まります。

報告書には24のシナリオが想定されていますが、中国が勝利するといったシナリオは二つです。一つは米軍が介入しないもの。もう一つは、米軍は介入するが日本が中立を守り、在日米軍に基地使用を認めないケース。これ以外では、中国の台湾侵攻は失敗に終わると分析しています。

最も可能性の高い基本シナリオは、「中国軍が台湾の主要都市を制圧できず、10日以内に補給が途絶え、中国軍が撤退する」というもの。ただしこれは自衛隊が参戦することが前提です。開戦当初は日本は中立を維持するが、在日米軍基地からの米軍の戦闘参加を認めます。でもこれに対して中国は、弾動ミサイル・巡航ミサイルで嘉手納、岩国、横田、三沢などの各基地を攻撃し、日本本土の航空基地が壊滅的な打撃を受けます。そしてこの中国軍の対日攻撃に対抗するため、自衛隊が参戦するというものです。

「中国は台湾侵攻に成功しない」と、この報告書は結論づけているのですが、日本もアメリカもこの台湾防衛には多大な犠牲が伴い、**日米は数十隻の艦艇と数百機の航空機、数万人の人員を失う**ことが想定されています。中国側も同様の規模の損失を被るとしています（参考：朝日新聞2023年2月6日付けの記事）。

興味深いのは、この報告書が「勝者はいない」と強調していることです。アメリカが台湾防衛に成功しても、甚大な被害はその後のアメリカのダメージになるし、中国も大きな被害を出し、台湾占領の失敗が中国共産党支配を揺るがす可能性があるということです。「大きな代償の割に、得られるものがない」という事実に、習近平が早く気づいてくれることを願わずにはいられません。

台湾封鎖——兵糧攻め、情報遮断

でも残念ながら、それでも習近平は台湾併合の野心を捨てないでしょう。というのは、中国国内で習近平に警戒心を持ち始めた人が増えてきたからです。

習近平に限らず、独裁者は国民の動向を異常に恐れます。ですから徹底的な情報統制で国民を抑えようとします。これまではうまくいっていたけれど、今回のコロナウイルスのロックダウン政策で、ほころびが見え始めました。経済がかなり大きな打撃を受け、抗議の「白紙デモ」が起こりました。あれだけ堂々と、写真や動画を掲げた姿が世界中に拡散されるのは、いままでありませんでした。さすがの習近平も少し威光に陰りが見えてきているのかもしれません。その意味でも、国内的な基盤を強固にするために、台湾を併合したい。やはり台湾有事は現実になると思います。

でも、台湾を併合したところでどうなるか？　反発が強まるだけで、台湾人の支持を得るためには逆効果だと思います。香港で間違えたのと同じことになるはずです。もちろん、アメリカも西側諸国も反発するでしょう。そういう意味では、台湾を併合したければ、軍事侵攻以外には、台湾の政権を味方に付けて、「一国二制度」などをちらつかせていくしかないのです。

実は、習近平が3期目の中国共産党総書記になった際、「台湾統一には現在までの2期では時間が足りない」と、反対派を説得したという説があります。習近平の次の任期は2027年までなので、その言葉通りなら2027年に台湾統一ということになります。

その布石として、中国は台湾に対する兵糧攻めを進めるでしょう。ペロシ下院議長訪台のときに大規模な軍事演習を行いましたが、それをさらに拡大して、台湾を取り囲むいくつもの海域で**軍事演習を実施し、民間の船舶や航空機の通航を妨げ、台湾を事実上封鎖する**という構図です。

台湾封鎖は、もちろん中国経済にもダメージを与えます。しかし負の影響を度外視して行動するだろうと、多くの専門家は指摘します。経済制裁という面では、現状でも中国は台湾産品の輸入禁止を続けています。ただ、中国の工業製品が台湾の半導体関連部品に依存しているので、強硬な経済「制裁」は実施できずに、一次産品を選んで輸入禁止するというだけにとどまっています。でも、いざ戦端が開かれたら、経済制裁どころか、台湾を孤立させて真綿で首を絞めるように圧力をかけていくでしょう。

そこで浮上してくるのが、**台湾と世界を結ぶ海底ケーブル切断の可能性**です。台湾は現在、約14本の海底ケーブルで外国とつながっていますが、海路と空路で人や物の流れを止め、電子のルートを切断して情報を遮断すれば、台湾は完全に孤立してしまうのです。

総統をはじめとする政府要人を暗殺し、社会が大混乱に陥った隙を見て傀儡《かいらい》政権を打ち立て、中国の支援を要請させるというシナリオもあります。内部から謀略を仕掛け、破壊工作で社会を侵食していくのは中国の得意技です。その後、本格的な上陸侵攻をするのです。

日本はようやく防衛費の増額に手をつけ始めたばかりで、本格的に中国と対峙できる体制にはありません。アメリカもいまのところは、ウクライナ戦争にかかりきりです。

一方の中国は、習近平に残された時間が少ない。仮に2027年に有事が勃発せず、もう1期、合計10年君臨した場合、彼はもう70代後半になっています。習近平の年齢を考えただけでも、台湾有事は、どんどん現実化しつつあるのです。

台湾有事で日本の石油が枯渇する！

台湾は〝複数の海域の交差点〟であり「海上の要衝」です。「中国がここを奪取した場合、日本に石油が入ってこなくなる」と、前述の佐藤正久氏が説明してくれました（『日本が侵攻される日』より）。

日本は石油の9割以上を中東から輸入していますが、中東から石油を運ぶタンカーはインド洋からマレーシアやシンガポール、インドネシアの間のマラッカ海峡を抜けて、南シナ海に出ます。そしてフィリピンとの間のバシー海峡を抜け、台湾の東側を通って、沖縄などの南西諸島の東側から日本に到着します。

しかし台湾有事が勃発したら、タンカーは航行できません。タンカーそのものには被害が及ばないとしても、危険が及びかねない戦争海域付近の航行は避けるはずです。

少し遠回りですが、インド洋からバリ島の脇のロンボク海峡を抜け、インドネシアを縦に突っ切るようにマカッサル海峡を通り、フィリピンの南側から太平洋に出るルートがあります。ですが、台湾や日本周辺にさしかかって、中国艦船に臨検を受けることになったり、中国の潜水艦に狙われたりすることを考えると、タンカーは航行をためらうはずです。

「海底から狙われると思ったら、怖くて仕方ないですから」と佐藤正久氏は述べていますが、こうして石油が入らなければ、日本はアウトです。

「日本の〝生命線〟は中国に握られている」ということを、日本人は忘れてはいけません。

中国はなぜ尖閣諸島を狙うのか?

尖閣諸島問題に焦点を移します。尖閣諸島は北方領土、竹島と同様に、歴史的にも日本固有の領土で、国際法的にもれっきとした日本の一部だと認められています。

北方領土に関しては、ロシアが自国の領有権を譲らず、ロシア人を入植させて町を作り、レーダー基地まで建設しています。一方、尖閣諸島では中国がここも自国の領土であると主張して、我が物顔で中国漁船が行き来し、武器を搭載した艦船までが航行するようになっています。竹島には、韓国が武装警察を常駐させてしまっています。

なぜ、中国が尖閣諸島を喉から手が出るほど欲しがっているのか？　ここを手に入れれば台湾併合に都合がよいだけでなく、**太平洋への出口が開け、アメリカへの攻撃とアメリカからの防衛に有利になる**からです。

中国は、太平洋に出るためには沖縄海域を抜けていきたい。ところが沖縄本島や南西諸島が行く手を遮っています。本当は琉球列島も丸ごと欲しいのですが、「それがかなわないなら、せめて尖閣諸島は手に入れたい」と思っているわけです。尖閣諸島の周囲を中国艦船がうろちょろするのは、そうやって自国の領土であるとアピールし、日本を挑発しているのです。それでもし日本側が暴発したら、それを口実に戦端を開き、「仕掛けたのは日本だ」と国際世論に訴え、自らを正当化する腹積もりなのです。

また、アメリカ海軍と直接、対峙するという目的もあります。日米同盟のもと、横須賀には米第七艦隊が常駐しています。中国が台湾併合に動く場合、どうしてもこの動きが目障りになります。できれば**台湾海峡に第七艦隊の空母を近づけたくない**のです。そのために、尖閣諸島周辺に原子力潜水艦を配置し、これを沖縄の東海域、台湾島の北側に配置したいと考えています。

また、米海軍を睨んでの思惑もあります。日本はアメリカの同盟国であり、横須賀には米海軍の空母が控えています。航空機を艦載した空母は、いわば海上を自由に移動できる航空基地で、中国はこれを排除したいのです。

台湾を併合したい中国にとって、米海軍はとても邪魔な存在です。だから台湾海峡から遠ざけておきたい。そこで、原子力潜水艦を沖縄の太平洋側に潜らせ、米海軍に脅威を与えておきたい。沖縄付近に中国の原潜が潜っているとなったら、米海軍空母の自由な行動が制限されるからです。そこで、原潜をこっそりと太平洋に通り抜けさせるために、漁船などを尖閣諸島の付近にうろつかせているというわけです。

潜水艦の行動を捕捉するために日本の自衛隊が探査活動をしていますが、漁船がひっきりなしに航行していたら、ソナー探知の機能が削がれます。漁船のエンジン音で潜水艦のスクリュー音はかき消されるし、上空から監視する航空機に対しても、目隠しの役割を果たすのです。おそらく今現在も、尖閣諸島付近には中国の原潜が多数潜んでいるはずです。それどころか、堂々と軍艦を尖閣付近で航行させているのは、尖閣を手始めに、沖縄に食指を動かそうとしていることの証明です。

中国からすれば、太平洋に出るためには沖縄を抜けていきたい。ところが、沖縄や南西諸島が点在し、横長に蓋をしています。日本を丸ごと手に入れるのは無理だとしても「せめて尖閣は欲しい」とか「本当は琉球列島も欲しい」と思っているわけです。

中国は「ここは自分の領土だ」ということをアピールし、日本を挑発しようとしているのですが、挑発に乗って日本が手出しをしたら日本の不当性を訴え、改めて尖閣諸島が中国領であることを既成事実にしていくという策略です。

中国の「三戦」をどう跳ね返すか

中国はこんな形での尖閣諸島問題への実力行使に加え、盛んに「三戦」を仕掛けています。国内外の世論に訴える「世論戦」、心理的に相手を揺さぶる「心理戦」、そして自国に都合のよい法律を作って自らの行動を正当化する「法律戦」です。

「世論戦」とは、国内外の世論に影響を与え、それらが中国の行動を支持するための工作活動。情報管理を行い、中国にとって有利になる情報を発信し、不利な情報の発信をさせないなどの手法です。この世論戦を成功させるためには、日本の報道機関に〝親中国派〟を増やすこと、報道機関に工作員を送り込むこと、民法のスポンサー企業に工作すること、中国に不利になる報道をするメディアを記者会見から排除するなどの方法です。

「心理戦」とは相手の心を揺さぶる活動。「法律戦」とは読んで字の通りです。法律を成立させ、施行し、行動の正当性を主張するための活動。これら世論戦、心理戦、法律戦の3つが「三戦」です。中国は政治や外交などの分野でも三戦を展開しています。

「世論戦」では、日本が尖閣諸島を国有化した2012年、中国紙がニューヨーク・タイムズなど主要な米紙に「魚釣島（尖閣諸島の中国名）は中国領」と題する全面広告を掲載し、「中国の主権を著しく侵すものだ」と訴えました。「法律戦」としては、尖閣上空を含む形で東シナ海に防空識別圏を設定しました。「尖閣国有化が緊張の引き金になる」というのが中国の言い分でしたが、直後の中国側の行動は手際がよすぎて、おそらく虎視眈々とチャンスをうかがっていたと見るほうが適切でしょう。

それ以来、尖閣周辺海域では、常に**日本の海上保安庁の巡視船と中国公船が対峙する**

状態が続いています。日本の海上保安庁巡視艇が無線で中国公船に「貴船は日本の領海に侵入している。直ちに退去しなさい」と警告すると、中国側は「魚釣島（尖閣諸島）は中国の領土である」と反発する。毎日のようにこんな光景が繰り広げられています。

尖閣諸島を日本が国有化した2012年には、海上保安庁の巡視艇数は中国公船を上回っていたのですが、中国がその後、艦船の大型化と武装化を進めたために逆転されて、いまは日本の約2倍の数を保有しているとされています。

しかも中国は2018年に以前の「海警局」を、中央軍事委員会の指揮下に属する人民武装警察部隊（武警）に編入しました。これは沿岸警備隊としての役割を超えて、軍事的色彩が極めて強い組織です。また、外国が管轄海域内に建造物などを建てた場合には排除ができ、それに従わない場合に強制措置をとるという「海警法」も施行しました。「絶対に尖閣は渡さない」という強い意志の表明です。

もちろん、日本もただ手をこまねいているわけではなく、海保は中国公船に対応する14隻相当の「尖閣領海警備専従部隊」を完成させ、最新鋭の大型巡視船を配備して防衛強化を図っています（参考：朝日新聞2022年9月11日付けの記事）。

石垣島を訪れた人は、石垣港を見学してみてください。港に最新鋭の大型巡視船が停泊している姿が見られるはずです。尖閣警備最前線の石垣海上保安部は、横浜や神戸をしのぐ海保最大の拠点となっているのです。

日本はたちまち「前線国家」になる

では日本は、これにどう対応すればよいのでしょうか。まずは、中国に「台湾を取りに行くとひどいことになる」と強い警戒感を持たせることが先決です。

そのためには自衛隊の能力向上と日米同盟の強化が大切になります。中国は、米軍がどこまで台湾を守るか、慎重に見極めているはずです。したがって、日米は団結して台湾を守ることを明らかにし、攻撃されたら戦う覚悟があるという姿勢を見せる必要があります。

もしかしたら中国は「核の脅し」というカードを切ってくるかもしれません。しかし実際に核を使えるかどうか……そんな脅しに乗ってはいけません。実際に核を使えば世界の破滅が近づく、中国だって破滅に向かいます。いかに習近平といえども、その点はわきまえているはずです。そこで重要なのは、「日本は脅せばすぐに腰砕けになる国だ」と見透かされることのないように、断固たる決意を示すことです。

中国は日本に対して、軍事面ばかりでなく情報戦やサイバー攻撃などの心理戦、それに経済制裁など、いろいろな手段で有形無形の圧力をかけてくるでしょう。台湾侵攻にあたっては、まず外交ルートを通じて日米に台湾を支援しないよう働きかけてくるはずです。

「攻撃するのはあくまでも米軍基地だけであり、日本が米台を支援しなければ日本に対する攻撃はしない」と甘い言葉で日本国内の動揺を誘い、**日本国民に日米同盟を嫌うよう仕向ける**こともあると思います。

中国はこうしたプロパガンダ（宣伝戦）が得意です。これは後で詳しく解説しますが、最近の中国軍は情報戦をとても重視します。まずは嘉手納・佐世保・岩国・横須賀などの米軍基地に向けて、中国軍がサイバー攻撃を仕掛け、その後、情報を混乱させた上でミサイルによる先制攻撃をしてくる可能性があります。それを日本は想定しておくべきです。

中国がいかに巧言を操ろうと、在日米軍基地へのミサイル攻撃は日本への武力攻撃と同義なのです。そこで日本政府が武力攻撃事態と認定すれば、自衛隊は防衛のため中国に反撃します。こうして自衛隊は「日本を守る」ために戦うという本来の任務を果たし、そして米軍が戦闘を開始するのと共同で、自衛隊は日本を守りながら、米軍への後方支援任務を果たすことになります。台湾在留邦人の救出ミッションにも当たることになるはずです。

でも現在の自衛隊に、こうした任務を同時並行的に遂行できるだけの余力があるとは思えません。しかも有事の際に、在日米軍と協議していては間に合わないのです。中国による通信妨害も考えられる中で、平時から台湾の内政部や外交部、国防部、米国の関係機関と邦人避難ミッションに関する協議をしておく必要があると思います。

話を戻します。まずは中国に、台湾侵攻に伴って在日米軍基地攻撃をしたら手痛いしっぺ返しを食らうということを、台湾と日本が示すことが大事です。

日台間に現在、正式な国交はありませんが、日米台3国間の友好関係がゆるぎないものであり、日米同盟が強固であることを誇示することです。それが中国に侵攻を躊躇《ためら》わせる第一歩になるはずです。

日本ならできる中国への海上封鎖

ともあれ、中国を抑えることができるのはアメリカだけでしょうが、核兵器保有とバーチャルな戦争形態になって以来、全面戦争が起きる危険性は少なくなっているのではないでしょうか。これは、核兵器がもたらす唯一の貢献です。

その代わり、**海軍力を武器に海上封鎖をして、相手国に圧力をかけるのが現在の戦争**の一つのパターンです。だから中国は海軍力強化に奔走しているのです。

海上封鎖という意味では、日本列島というのは実に重要な位置にあります。日本列島から尖閣諸島、台湾、フィリピンへと続く島々が、中国の海洋進出の大きな障害物になっているのはこれまで述べてきた通りです。これを活用しない手はありません。しかも、米中を比べた場合、海軍の「運用」力では、圧倒的にアメリカに分があります。

日本も安価で効率的な武器を保有しています。それは最新の機雷です。潜水艦で運んで敵基地の出口や航路の要衝にばらまき、リモートで爆発させます。日本が世界一の技術を持っているでしょう。中国海軍には、それを除去する能力が足りないそうです。

前述したように、いま連日のように、中国艦船による尖閣諸島への不法侵入、領海侵犯が繰り返されています。島根県の竹島や北方領土では、韓国やロシアによる不法占拠が続いています。アメリカは一貫して東シナ海と南シナ海での中国による行動を非難し、尖閣情勢について日本政府を支援する約束を100パーセント堅持するとしています。日本人にとっては安心できる発言ですが、自国の安全を、同盟国とはいえ他国に依存している状況に安心しているだけでいいのでしょうか。

ロシアとの間では、領土問題を解決できず、戦後75年以上たっても講和条約を締結することができません。核ミサイルの脅威を高める北朝鮮とは最近、対話すら実現していません。韓国は新政権になって「徴用工」問題解決に向けて前進し始めましたが、相変わらず「日韓基本条約」に異議を唱えている勢力も強いのです。

日本国憲法前文には、「平和を愛する諸国民の公正と信義に信頼して、われらの安全と生存を保持しようと決意した」と記されていますが、極東における現状を見る限り、そんな夢物語は通用しないのです。

アメリカ人である私から見ると、「平和」を唱える人々こそが、国内外の秩序を乱しているとしか思えません。平和主義者の典型は「何もしないことこそが平和だ」と考えているようですが、そんな考えは成り立たないし、危険なのです。

国際社会の平和と安定は「力の均衡」によって支えられているという現状を認識し、それを維持するための不断の努力と覚悟が必要です。平和ではない日本の状況を「平和」と言い張り、その「平和の幻想」が続くと考える人々は、まさに「ダブル平和ボケ」としか言いようがありません。安全保障を人任せにするのではなく、国民一人ひとりが現状を認識し、平和について真剣に向き合わなければ、真の平和は訪れないでしょう。

ならず者国家こそ「いまそこにある」危機

ここまで述べてきておわかりのように、台湾有事に日本は必ず巻き込まれます。専門家ではない人でも、地図を見れば、**台湾と与那国島や石垣島がどれほど近いか、よくわかる**はずです。もし日本寄りの台湾の海域・空域で戦闘が起きたとき、「ここは日本の領域だから平和のままいられる」などと思うとしたら、よほど現実を知ろうとしない能天気な人と言えるでしょう。アメリカは間違いなく台湾を支援するはずですし、日本はアメリカを支援します。中国が日本を攻撃する口実には事欠かないのです。

ただ、今後の台湾防衛がどうなるかは予断を許しません。バイデン大統領は台湾有事に介入することを言明しましたが、仮に民主党が多数派を維持した上院が「台湾防衛」を決めても、共和党が多数を握る下院が、その予算を認めるかどうかは未知数です。

これまで共和党は中国には強硬的でしたので、台湾を見捨てることはないと思われますが、「アメリカ・ファースト」の意識が強まれば、「もしかしたら」ということがないとも言えません。即座に軍事力を派遣する態勢は取れず、ウクライナと同じように、当面は兵器を含めた物資の支援に留まる可能性も否定できないのです。そうなったときに、台湾、沖縄がどうなるか、日本はそのシミュレーションも視野に入れておく必要があります。

すると、台湾有事の際に中国と直接対峙するのは、当事者の台湾を別にすれば、ほぼ確実に巻き込まれる日本、そして韓国ということになります。でも日本は、台湾有事や台湾併合への備えはできていません。それどころか、「平和的併合なら仕方がない」と思う人も少なくないのです。極めて危険な状態です。

「台湾有事が現実になれば、その打撃は、台湾はもちろん、日本企業が中国に持つ資産や在日中国人にも及ぶ」と、日経ビジネス・シニアエディターの森永輔氏は語り、かつて台湾総統をつとめ、民主化を推し進めた李登輝《りとうき》氏の著書『台湾の主張』を次のように引用して、台湾有事の危険性を警告しています。

「台湾が存在を失って中国に制されてしまえば（中略）、次には日本の『存在』が脅かされる」「日本の地理的位置づけからみても、台湾とその周辺が危機に陥れば、シーレーンも脅かされて、経済的にもまた軍事的にも、日本は完全に孤立することになってしまうだろう。（中略）台湾は、日本にとっても生命線なのである」

私たちはいま、李登輝氏のこの言葉の意味を真剣に考えねばならない局面に立っています。平和的な侵攻でも影響は半端ではありません。まして武力衝突となれば、加速度的に日本にも危険が及びます。その**危険性を、国民の共有認識にしなければならない**のです。

中国が台湾を併合しようとするXデーは、すぐそこにせまっています。まさに「いまそこにある危機」なのです。

第3章

日米同盟と憲法改正が日本を守る

日本国民は日米安保に拒否感はない！

みなさんがよくご存じのように、日本とアメリカの間には「日米安全保障条約」（日米同盟）が結ばれています。万が一、日本が軍事攻撃を受けた場合、この条約によって、〝世界最強のアメリカ軍〟が日本を守ってくれるというイメージが浸透しています。

日米同盟はその「防衛義務」を果たしてもらうべく、日本に駐留するアメリカ軍のために、日本は土地をはじめとする〝負担〟を引き受けるというものです。でも、それが日本人に「アメリカがついているから安心だ」という〝ぬるま湯〟意識を浸透させたのも事実です。

2018年1月に内閣府が発表した「自衛隊・防衛問題に関する世論調査」というものがあります。ここに興味深い調査結果がいくつかあるのでご紹介します。

1 日米安全保障条約についての考え方

「日本の平和と安全に役立っていると思うか」と聞いたところ、「役立っている」とする割合が77・5％（「役立っている」29・9％＋「どちらかといえば役立っている」

47・6％)、「役立っていない」が15・6％(「どちらかといえば役立っていない」12・6％＋「役立っていない」3・1％)となっています。

2 日本の安全を守るための方法

日本の安全を守るためにはどのような方法をとるべきだと思うか聞いたところ、「現状どおり日米安保体制と自衛隊で」と答えた人の割合が81・9％、「日米安全保障条約をやめて自衛隊だけで」が7・1％、「日米安全保障条約をやめて自衛隊も縮小または廃止」と答えた割合が2・9％となっています。興味深いのは、次の項目です。

3 日本が戦争に巻き込まれる危険性

現在の世界情勢から考えて**日本が戦争を仕掛けられたり戦争に巻き込まれたりする危険**があるかどうかを聞いています。すると「危険がある」が85・5％(「危険がある」38・0％＋「どちらかといえば危険がある」47・5％)、「危険はない」が10・7％(「どちらかといえば危険がない」8・1％＋「危険はない」2・5％)という結果になったのです。

そこで「危険がある」「どちらかといえば危険がある」と答えた人に、「巻き込まれると思う理由」を聞いたところ、「国際的な緊張や対立があるから」が84・5％と最も高く、「国連の機能が不十分だから」（28・7％）、「自衛力が不十分だから」（18・2％）、「日米安全保障条約があるから」（16・4％）の順となっているのです（複数回答）。

注目すべきは「日米安全保障条約があるから」です。国民の85・5％のうちの16・4％ということは、統計的に全国民の14・02％が「日米安保が問題だ」と考えているということです。

4 日本が戦争に巻き込まれる危険がないと思う理由

一方、日本が戦争を仕掛けられたり戦争に巻き込まれたりする「危険はない」「どちらかといえば危険がない」と答えた10・7％の人に、どうしてそう思うのか聞いたところ、「日米安保条約があるから」を挙げた割合が44・4％と最も高く、「国連が平和への努力をしているから」（31・5％）、「戦争放棄の憲法があるから」（31・5％）の順となっています（複数回答）。つまり、サンプル数の約5％が「日米安保があるから」と答えているのですが、半面、**国連に期待している人、憲法に期待している人**も、それぞれ3％以上いるということです。この調査は次の項目にも質問が及んでいます。

5 防衛問題に対する関心

結果は、「北朝鮮による核兵器及びサリンといった化学兵器の保有や弾道ミサイル開発などの朝鮮半島情勢」を挙げた割合が68・6％と最も高く、「中国の軍事力の近代化や海洋における活動」（48・6％）、「国際テロ組織の活動」（39・7％）、「日本の周辺地域における米国の軍事態勢」（39・6％）などの順となっています（複数回答）。

実はこの3年前（2015年）に「安保法制」（平和安全法制）が成立しましたが、これによって可能となった対応のうち、「日本の安全保障に役立つと思うものはどれか」を聞いたところ、「在外邦人の警護、救出」を挙げた割合が42・4％、「日本と密接な関係にあるアメリカなどが武力攻撃を受けたときに、日本が武力で対処をしなければ、深刻・重大な被害が日本国民に及ぶことが明らかな状況（存立危機事態）において、日本の防衛のために自衛隊が対処することが可能となったこと」（「存立危機事態の対処」）

を挙げた人も、41・7％と高い割合を示しています。以下、「そのまま放置すれば日本に対する直接の武力攻撃に及ぶ恐れのある事態など、日本の平和と安全に重要な影響を与える場合（重要影響事態）に対処して活動する外国の軍隊を支援することが可能となったこと」（「重要影響事態の支援」）（33・3％）、「国連平和維持活動（PKO）などにおいて、自衛隊の近くで活動するNGOなどが暴徒などに襲撃されたときに、襲撃されたNGOなどの緊急の要請を受け、自衛隊が駆け付けて保護するための活動が可能となったこと」（駆け付け警護）（31・1％）などの順となっています（複数回答）。

またこの調査では、アメリカ以外の国との防衛協力・交流についても質問していて、「どちらかといえば」も含めて、同盟国であるアメリカ以外の国とも防衛協力・交流を進展させることは日本の平和と安全に「役立っている」と思う人が79・6％、「役立っていない」が9・8％となっています。

そして、「役立っている」と答えた人に対して、「どの国や地域との防衛協力・交流が日本の平和と安全にとり、役に立つと思うか」を聞いたところ、「中国」43・8％、「東南アジア諸国」が42・2％、「韓国」が41・1％と高く、以下「ヨーロッパ諸国（ロシアを除く、イギリス・フランスなどの主要国）」（34・1％）、「オーストラリア」（30・

2％）などの順となっています（複数回答）。

この数字をどう見るかは、いろいろな意見があると思います。しかし、43％が「親中」傾向にあるというのは、私には由々しき事態だと思えてなりません。

アメリカ人は日米同盟をどう捉えているのか？

では、アメリカでは日米安保条約はどう捉えられているのでしょうか。2020年3月、外務省が「米国における対日世論調査」を発表しました。「日米安保条約は日本と極東の平和と安定に貢献しているか」の質問に対しては、「非常に」「ある程度」を合わせて、「YES」が有識者88％、一般人81％です。「アメリカ自身の安全保障にとって重要か」では、「重要」が有識者92％、一般人91％です。アメリカでは、一般人もとても高い割合で、日米安保の存在を評価しているのです。

ちなみに、**アメリカ国民が一番好きな国はイギリス、次に日本**です。日本人が一番好きな国は、おそらくアメリカではないでしょうか。

「米国における対日世論調査」を見る限り、アメリカ側は日米安保を高く評価しているのに比べ、日本側が低いのが気になります。しかも「アメリカに巻き込まれる形で戦争の危険がある」と答える層が多いというのが懸念材料です。これは、戦争とはどういうものか、抑止とはどういう意味か、国を守るとはどういうことかを知らない、あるいは考えようとしてこなかった結果だと思えてなりません。

日米安保条約は、もちろん完全なものではなく、時代や国際情勢の変化、日米の国際戦略への思惑の違いによって、性格が変化してきたことも事実でしょう。

でも、ますます高まる中国の脅威を前に、その重要性は決して薄れることなく、いっそう増していくはずです。

「〝安保があるから〟戦争に巻き込まれる」ってホント?

では、「米軍の基地使用によって日本が戦争に巻き込まれる危険」についての心配はどうなのでしょう。

安保条約第6条は、米軍が日本と極東の平和・安全を維持する目的で、日本にある基地を使用することを認めています。日本の権利、すなわちアメリカの義務は、条約の第

5条が根拠となっていて、日本の義務、すなわちアメリカの権利は、第6条が根拠となっています。詳細は日米地位協定で規定されています。

つまり、それを理由に、ある国が日本の米軍基地を攻撃したとすれば、それは日本への武力攻撃を意味します。そこで、武力攻撃をした国は、第5条によって日本の防衛にあたるアメリカとの武力衝突を覚悟しなければなりません。対米戦争の危険を冒して日本を武力攻撃するのは、相当の覚悟がいります。

しかし、ロシアのウクライナ侵攻の現実を見ても、世界の完全軍縮が達成されず、国際連合も機能不全に陥っている現在の世界情勢下で、自国だけが絶対的安全というような安全保障の道は存在し得ないでしょう。もしそれを望むなら、**できるだけ安全性が高く、危険性が低い道を選ぶほかはない**のです。

「米軍の基地使用が日本を戦争に巻き込む」懸念がまったくないとは言えません。しかし、日米安保条約を廃棄し、沖縄の軍事基地をも撤去して、日本を非武装中立の状態に置いた場合、それで国の安全が守れると、誰が保証できるのでしょうか。これは、日本に対する侵略を未然に防止するための抑止力が失われてしまうということです。「非武装中立」は、かえって日本の安全に対する危険を増すことにならざるを得ないのです。

もし日本が安保条約を廃棄して、しかも侵略に対する抑止力を保とうとすれば、現在、米軍が日本防衛のために展開しているのと同程度の軍事力を、日本自らが保有する以外に道はないのです。

これは莫大な経済的負担を意味します。GDP比2％程度ではすまないでしょう。実際問題としてはほとんど不可能です。特に核攻撃の脅威に対処するためには、日本も自ら核武装せざるを得なくなります。

つまり、いまのアジア情勢下で日本の安全を保障するには、日米安保体制を維持することが、非武装中立、武装中立に比べて最も現実的で、かつ安全度が高い方法だと、私は考えます。

敵領土には撃ち込まない平和ボケ

岸田総理大臣は、GDP（国内総生産）比2％という防衛費増額に踏み込みました。これで年額10兆円相当になる計算ですが、それでもやっとNATO（GDP比2％）に肩を並べる水準です。韓国の2・7％に届かず、アメリカの約8580億ドル（202

3年度。133円計算で約114兆円)、中国の約1兆4505億元(2022年度。約26兆3000億円)には遠く及びません。

しかし日本としては、独自に中国と対峙する必要はなく、日米同盟で中国を抑止できればいいのです。したがって強大な米軍や中国軍に追いつく必要はありません。とはいえ同盟国として応分の負担を引き受ける姿勢は必要です。そうした姿勢を示さなければ、アメリカの反発を招くだけです。

ただ、台湾有事を想定して日本の被害を最小限にとどめようとする場合、10兆円の防衛費でも足りないという意見があります。特に弾薬の著しい欠乏が問題になっていて、**日本は最新兵器の購入と並行して、兵站《へいたん》面での足腰の弱さを早急に克服する必要がある**と、前述の兼原氏は提言しています。

「反撃力の整備」も重要です。日本は長い冷戦の間に、国家をどう守るのかについての戦略的思考能力をなくしてきました。「専守防衛」という言葉だけが一人歩きし、「誰から」「どうやって」自分を守るのかという議論が封じられ、国民が「国防」という意識を持つことすら敬遠されてきたのです。典型的な「平和ボケ」です。

しかし、日本が安穏としているうちに、中国は日本を壊滅させるだけの核と非核の中距離・短距離ミサイルを装備し、国際的にはＩＮＦ（中距離核戦力全廃条約）が破棄される中で、ロシアも中距離ミサイルを保持しています。

そればかりか、核武装した北朝鮮も日本やアメリカを射程内に入れたミサイルを保持していて、ロシアの技術を導入した不規則軌道ミサイルや、ロフテッド型打ち上げミサイルは、日本のミサイル防衛システムでは歯が立たないのです。韓国も台湾も、中距離弾道・巡航ミサイルを保持しており、中距離ミサイルを持たなかったのは日本だけです。

そこで政府は射程１０００キロの空対地ミサイル（ＪＡＳＳＭ）の導入に踏み切りましたが、いまだに敵領土には撃ち込まないという立場です。ようやく「敵基地攻撃能力」の整備に踏み切りましたが、どの段階でこの能力を発揮することができるかは、まだ曖昧《あいまい》なままなのです。

もちろん、いたずらな先制攻撃には歯止めをかけてしかるべきですが、敵からミサイルを撃ち込まれて国民が殺されても、敵が日本領土に上陸するまで一切反撃できないというのは、実におかしな理屈です。「撃ったら撃ち返すぞ」という強い姿勢を誇示しなければ抑止にならないし、国民を守れないのです。

つまり、敵基地に届く反撃力の獲得は不可欠なのです。そのために、より正確に届く中距離ミサイルの導入が急務になっています。

強い軍事力があってこそ「戦争せずにすむ国」に

集団的自衛権の限定行使を可能にすることなどが盛り込まれた安全保障関連法が施行されてから5年を迎えました。軍事的覇権拡大を進める中国や、核・ミサイル開発を強行する北朝鮮を相手に、日米同盟強化に貢献した法制の意義は非常に大きいと思います。

防衛省によると、必要最小限の武器使用を条件に艦艇や航空機を護衛する「武器等防護」が2020年に過去最高の25件となったそうです。安保法施行で、米軍をはじめとした他国軍も対象となったのです。

中国の東・南シナ海での暴挙を阻止するため、米国だけでなく欧州各国も空母やフリゲート艦などの派遣を表明する中で、これなら日本も連携することができます。尖閣諸島の**周辺海域に中国海警局船が連日侵入している現状**に対して、日本は当事国なのです。東アジアの平和と安定のために活動するのは当然です。

そもそも、日本が70年以上も「敗戦国の甘え」を続けてきたことこそが異常なのです。

世界のシーレーンである東・南シナ海の「航行の自由」が失われれば、日本や世界の平和と安全は崩壊し、経済的損失も計り知れないのです。

考えてみてください。1960年の日米安全保障条約改定を筆頭に、78年の旧日米ガイドライン策定、2003年の自衛隊イラク派遣、07年の防衛省への昇格、14年の特定秘密保護法施行など、安全保障関連の条約や法律を整備することで、日本は抑止力を高めてきました。こうした現実的な対応によって、日本は「戦争をしない国」を維持しているのです。国民はこの事実から目を背《そむ》けるべきではありません。

戦争の反対語は「平和」と言われますが、これは誤りです。戦争の反対語は「秩序」や「抑止力」がふさわしいのです。目まぐるしく変化する世界情勢において、国内では軍事的脅威から国民を守るための法制を整備し、対外的には同盟国をはじめ、自由主義国と協力する秩序こそが、戦争をしない社会へと導いてくれるのです。

今後も高まる脅威には、国民の理解なしには備えられません。秩序の形成を妨害しようとするプロパガンダに惑わされてはなりません。

日本が抑止力を高めないと、不透明な軍拡を進める中国との軍事格差は広がるばかりです。戦争とは**軍事力の差が広がって、100パーセント勝てると相手が思ったときに**

郵 便 は が き

お手数ですが、
切手を
おはりください。

1510051

東京都渋谷区千駄ヶ谷 4-9-7

(株) 幻 冬 舎

書籍編集部宛

ご住所 〒

都・道
府・県

フリガナ

お名前

メール

インターネットでも回答を受け付けております
https://www.gentosha.co.jp/e/

裏面のご感想を広告等、書籍の PR に使わせていただく場合がございます。

幻冬舎より、著者に関する新しいお知らせ・小社および関連会社、広告主からのご案内を送付することがあります。不要の場合は右の欄にレ印をご記入ください。

不要 □

本書をお買い上げいただき、誠にありがとうございました。
質問にお答えいただけたら幸いです。

◎ご購入いただいた本のタイトルをご記入ください。

『　　　　　　　　　　　　　　　　　　　　　　　　　　　』

★著者へのメッセージ、または本書のご感想をお書きください。

●本書をお求めになった動機は？

①著者が好きだから　②タイトルにひかれて　③テーマにひかれて
④カバーにひかれて　⑤帯のコピーにひかれて　⑥新聞で見て
⑦インターネットで知って　⑧売れてるから／話題だから
⑨役に立ちそうだから

生年月日	西暦　　年　　月　　日（　　歳）男・女			
ご職業	①学生	②教員・研究職	③公務員	④農林漁業
	⑤専門・技術職	⑥自由業	⑦自営業	⑧会社役員
	⑨会社員	⑩専業主夫・主婦	⑪パート・アルバイト	
	⑫無職	⑬その他（　　　　　　　）		

ご記入いただきました個人情報については、許可なく他の目的で使用することはありません。ご協力ありがとうございました。

起きるものです。したがって、日本を狙う国々が意味不明な軍拡をするのであれば、日本も「核の傘」をもっとアピールして、原子力潜水艦や中距離ミサイルを保有し、やられたらやり返すという姿勢を示すことが大事です。それが戦争を避ける唯一の方法だと、私は考えています。そのための憲法改正も不可欠だと思っています。しかし、その議論をすることにすら蓋をしている。国家として正常な姿だとは思えません。

軍備も経済安全保障も、戦争をしないための抑止力なのです。そういう理解を広めていくことが必要です。軍備を増強して他国に攻め込もうというのではなく、相手が軍拡しているので、その脅威に対抗するために備えましょうということです。

欠陥だらけの「サイバー法制」を整備せよ

サイバー防衛能力の向上も焦眉の急です。

日本では平時における自衛隊の活動には「不正アクセス防止法」や「不正指令電磁的記録罪」が適用されます。その理由は「平時だから」という意見もありますが、実はある勢力が戦争を企図した場合、平時の間にも、着々と準備を進めているものなのです。

「平時だから」と行動を縛ってしまったら、自衛隊のサイバー部隊は活動できません。これは日本法制の大きな欠陥だと言っても過言ではありません。

サイバー防衛は、**敵が発する暗号を日々解析し、ときに逆侵入して相手に警告を与え、あるいは撹乱《かくらん》する**のを主な任務とします。それは日々、敵の暗号に接している自衛隊ならではの任務なのです。しかし不正アクセス防止法などで縛られていては、満足に任務を果たせません。速やかに法改正して、平時から自衛隊にこの権限を与えるべきなのです。

しかも、サイバー防衛は自衛隊のみならず、民間の重要インフラや政府全体を防護対象にしなければならないものなのに、日本政府には現在、その司令塔がないのです。

サイバー防衛というと、憲法が保障する「通信の秘密」を侵すという議論が根強いのですが、脅威の現実を知らないから、こんな絵空事を唱えていられるのです。通信の秘密は守られるべきですが、サイバー空間における通信の安全と安心を守るためのサイバー防衛は、それ以上に重要になることもあるのです。

国防問題に「性善説」は通用しない

台湾有事が現実になりつつある中で、相変わらず沖縄で「基地反対」が叫ばれ、一部のマスコミも迎合しているのは、日本人の利点であり大きな弱点である「性善説」が社会の前提になっているからだと、私は考えています。

他人を悪だと思わないという点は素晴らしい資質だと思いますが、こんなに緊迫した国際情勢のもとでは、過度な性善説が日本人の判断力を狂わせ、大変なウイークポイントになるはずです。

例えば、中国共産党を筆頭とする勢力が、何を日本に仕掛けてくる可能性があるのか、それを知っておくことが日本という国を守ることであり、そこに暮らす日本人自身を守ることにつながるのです。

日本人は、「そんな悪どい人間ばかりじゃないよ」と笑うかもしれませんが、「それが性善説の弱点なんだ」と、私は申し上げておきます。

日本人の「性善説」を象徴するのが、日本国憲法前文だと思います。前の章で述べたように、「……平和を愛する諸国民の公正と信義に信頼して、われらの安全と生存を保持しようと決意した」と高らかに謳っています。「諸国民の公正と信義を信頼する」のはとても美しいものです。でも、万が一、「信頼できない」人たちがいたら、どう対処するのでしょうか？　「まさかそんな恐ろしいことはないだろう」とか、「他人はみんな善人だ、むしろ他人を疑うことそのものがいけないことだ」というのが性善説です。

その考え方がよいものだと広く認識されているため、日本人は世界でもまれに見る「プロパガンダにひっかかりやすい人たち」になってしまっているのです。日本人は過度な性善説の危険性を認識しなければなりません。

いまの日本社会には、数多くの外国人が入っています。私もそのうちの一人ですが、彼らのほとんどは誠実で、日本が好きでやってきて、中には永住を決めた人もいます。でもこうした「善人」の中に、日本と日本人に〝危険〟を及ぼすために活動するスパイが必ず紛れ込んでいて、彼らが巧妙に発信するプロパガンダも必ずあるのです。

あとで詳しく述べますが、中国にはいまだに「国防動員法」という法律があって、男性は満18歳から60歳まで、女性は満18歳から55歳まで、「国防に従事する」義務があるのです。在日中国人や中国人旅行者も例外ではありません。国防に従事するために〝動員〟されれば、**中国政府の命令を受けて諜報活動や破壊活動などに従事させられる**こともあります。有事になれば、隣の中国人の友人が、敵対する工作員に変わらないとも限りません。

2008年、北京オリンピックのときに、聖火ランナーが長野県を走りました。そのときに、その前月に行われた中国のチベットでの抗議活動に対する弾圧と、チベットの人権問題に対する懸念を理由にチベットを支持する人たちによる中国への抗議行動がありました。

すると、そこに中国人の留学生など4000人が集まり、沿道を埋め尽くした彼らによって、日本人への暴行事件が起きたのです。中国人留学生は組織的に集められたものです。中国当局から国旗と往復の切符を送りつけられ、「何日の何時何分に善光寺前に集合しろ」という指示があったそうです。もちろん、誰に送ったかはチェックされていて、それに参加したかどうかも記録されているはずです。留学生たちは行かないわけにはいかない。そんな形で監視され、支配されています。

100人の機動隊員を含め、全体で約3000人の警察官が動員された大きな事件でした。しかし、この事件を詳細に報道したのは産経新聞だけでした。他のほとんどのマスコミは中国の意向を忖度して、「聖火リレーで騒ぎが起こった」としか報道しませんでした。中国の悪行をそのまま報道すると北京の支局が閉鎖されてしまうという懸念があったのではないでしょうか。

真面目で誠実すぎて、性善説に支配されている日本人は、こうしたあからさまなプロパガンダにも〝誠実に〟対応してしまうのです。

例えば日中間で紛糾のタネになっている「南京大虐殺」の真実や、日韓の間の「慰安婦問題」や「徴用工問題」などは、本来「いわれのないこと」であり、あるいは「すでに決着がついたこと」です。でも日本人はひたすら我慢した挙句、「正義は必ず認められる」と信じて、正直に真実だけを語ろうとするのです。でも、それが通用すると考えているのは日本人だけです。

プロパガンダは、先に仕掛けたほうが圧倒的に有利だからです。「南京大虐殺」も「従軍慰安婦問題」も「徴用工問題」も、でっち上げられたストーリーです。しかし、アジアの歴史を知らない諸外国の人たちに、何度も繰り返して吹き込めば、やがてそれが「事実」として一人歩きしてしまうのです。

「正直」なのは日本人の美徳ですが、証拠がないなら謝罪などすべきではなかったし、「そんな事実は証明されていない」と反論すべきだったのです。でも日本は、「否定できる証拠がない」というだけで、頭を下げてしまいました。中国や韓国はそこを利用して、どんどんつけ込んでくるのです。

中国人は社会の善悪より一族の利益を優先

欧米のキリスト教文化は一般的に「罪の文化」と言われます。基本はキリスト教・ユダヤ教の聖典（聖書など）に記されている善と悪を基準にして、それに反することが罪とされます。いわば**神と自分が向き合い、その言葉を聴く**ことが個人の「道徳」の規範になります。そして法律的な罪があり、その延長線上に民主主義や愛国心などがあって、これらをベースに、個人の良心に従って行動規範が決まるのです。

しかし、日本人にはこのように神と向き合うという概念が希薄です。むしろ日本の神道文化では「清いか穢《けが》れか」を基準に、自然と人間が共存することを大事にします。行動規範として個人の道徳はもちろん大事ですが、社会全体の共通意識に大きく左右されます。「共生」という言葉がぴったりです。

中国は違います。私は加瀬英明氏・石平氏との共著『新しい日本人論』（SB新書）を出版しましたが、石平さんはその中で、中国の二重基準を説明してくれました。

「中国は二重基準です。善悪に関して言えば、中国には普遍の善悪というものがないのです。社会にとって悪でも、身内にとって善であればそれでいい……。それが善悪の基準になるのです」

それを象徴するのが中国の「汚職の歴史」だと思います。でも中国人の考えでは、汚職は決して悪ではないのです。汚職であろうと大金を手にすれば、一族みんなが幸せになるからです。社会に害をなしても、一族が幸せになるなら、汚職など問題ではないのです。

中国は「法治国家ではなく人治国家」だと言われますが、彼らには身内や係累以外に頼るものはない。法も社会も頼りにならないし、国家も守ってくれない。一族で自分たちを守るしかなく、そして一族以外はみんな敵です。

皇帝も同様です。中国人からすれば、皇帝もせいぜいある一族の長に過ぎず、一族のために行動します。その一族のために万民を搾取するので、中国の人民から憎まれるのです。そこが国民から敬愛される日本の天皇との大きな違いです。

自分の一族と家族の利益のためだけに動くのは、現代の皇帝である共産党の指導者も一緒です。実は彼らは「国家をよい方向に導こう」などとは考えていません。家族が裕福にならないと何にもならないので、そのための立身出世です。だから**重要ポストに就いている人の家族は金満ぶりが目立つ**のです。いろいろな裏金を要求し、それが懐に入ってくるからだとしか思えません。

中国人の判断基準は「得か損か」だけ

つまり性善説の日本人と対照的に、中国社会は「性悪説」で成り立っています。だから自分に有利になるように、意図的に悪い噂を広めたりするのも平気です。「やらないとやられる」というのが彼らの心理だからです。中国が性悪説の社会であることは、その歴史を見れば明らかで、日本人はまず、中国はそういう国なのだと知ることから始める必要があります。

例えば、朝、お母さんが子どもを送り出すとき、どう声をかけますか？

日本人は「行ってらっしゃい」とか「みんなと仲良くしなさい」でしょう。

韓国人は「絶対負けるな、一番になれ」だそうです。韓国は激しい競争社会で日本は共存社会。民族性が見事に表現されています。

欧米では「Be Good」（悪いことをするなよ）です。私がデートに出かけるときには、いつもそう声をかけられました。宗教的に深い意味を持つ「善悪」の精神の表現です。

中国にはこの精神は微塵もありません。中国では「だまされてはいけないよ」です。「得か損か」「有利か不利か」だけしか、彼らの頭にはないのです。彼らは「だます」ことを悪いとは思っていません。「だまされると不利になるから、だまされてはいけない」という発想です。「有利か不利か」だけが行動の基準で、善悪は二の次。これは、日本はもちろん、キリスト教・ユダヤ教が根源にある西洋の考え方ともまた違います。

したがって、中国人はそういうものだと、割り切って付き合ったほうがいい。中国人にとっては「お金を持ってくる人はいい人」なのです。それを知っておかないと、たちまちだまされてしまうということを忘れないでください。だまされたほうが悪いのです。

自国防衛の責任を負うのは世界の常識

日本は長らく、憲法上、他国防衛のために自衛隊を海外派兵することが許されていませんでした。したがって、NATOのような集団安全保障体制、完全相互防衛関係を結ぶことはできませんでした。そこで効力を発揮してきたのが日米安保です。外部からの侵略に対して、アメリカが日本と共同で防衛の責を負うことを求めるのなら、日本も相応の義務を果たす必要があります。そうでないと集団安全保障という国際通念に反します。

その意味では、米軍の基地使用を認めるのは、日本の最低限の義務です。もし米軍の「有事駐留」だけを要求して、「平時は邪魔になるからいらない。でも日本に危機が迫ってきたときだけ助けてほしい」という考え方を持っている人がいたら、それはいわば**保険料は支払わずに保険金の支払いだけ要求するのと一緒**です。

現在の日本に駐留する米軍や基地の規模は、日本独自の防衛力増強に応じて、かなり縮小されています。陸軍の戦闘部隊は日本からほぼすべて撤退し、一定の補給部隊が駐留しているだけです。海軍は第七艦隊の艦艇が補給修理などの目的で日本の港に出入りする以外、戦闘部隊と称される艦隊が常時日本に配備されているわけではありません。空軍の規模もかなり縮小されています。

日本は高度な経済力と工業力を持つ国家なのですから、核攻撃の脅威に対してはアメリカの核抑止力に依存せざるを得ないとしても、その他の分野での自国防衛の責任を負うのは当然です。これは日米安保条約第3条で、「締約国が武力攻撃に抵抗する能力を、憲法上の規定に従うことを条件とし維持し発展させる」と規定しているところでもあります。

また日米安保条約では、米軍が、日本だけでなく極東地域の平和と安全を維持するために施設・区域を使用することを認めています。これは、日本の安全が極東地域の平和と安全に深く関わりがあるという、日米安保体制の認識によるものです。

ところで、トランプ前大統領は「日本に駐留する米軍への経費負担が少なすぎて不平等ではないか」と言い出しました。確かに、有事に際して日本防衛のために駆けつけられる能力のある部隊を維持するのは、アメリカにとって大きな財政負担なのです。

日本の間には「思いやり予算」などをやり玉に挙げて、「日本の負担が多すぎる」と反発する向きもありますが、事実はまったく逆です。日米安保体制によって平和と安全を確保できるというメリットは、米軍の駐留経費に対する負担以上に大きいはずです。

しかも日本側は、部隊の人件費、訓練費や運営費は負担していません。

アメリカ側も、相当の負担を背負って安保条約を維持しているのは、**アラスカと沖縄**

を保持して、極東の安全だけでなく、世界の覇権を維持するという世界戦略にかなっているからです。

日米地位協定は「アメリカ従属の証」ではない！

安保条約に付随するものに「日米地位協定」があります。端的に言えば安保条約第6条に基づいて「在日米軍にどんな特権を与えるか」という取り決めで、施設や区域の提供、米軍の管理権、日本に対する租税の適用除外、米軍による刑事・民事の裁判権、日米両国の駐留経費負担などが定められ、日米合同委員会で運営を協議します。

この協定は、しばしば「在日米軍の治外法権を認めるもの」と批判されています。特に左派勢力は「アメリカへの従属の象徴」として攻撃の対象にしてきました。

でも「治外法権」というのは明らかな誤解です。「米軍の施設・区域は日本の領域であり、日本政府がアメリカに使用を許可しているものですので、アメリカの領域でありません。したがって、米軍の施設・区域内でも日本の法令は適用されています」と外務省はウェブサイトで記述しています。これに従って解説しましょう。

公務執行中でない米軍人と、その家族には「特定の分野の国内法令の適用を除外する」という地位協定での規定がない限り、日本国内の法令が適用されます。一方、公務執行中の行為には、「当該外国軍隊およびその構成員の派遣国と受入国の間で個別の取り決めがない限り」、受け入れ国の法令は適用されないのです。

大事なのは「公務執行中」と「公務執行外」を明確に区別している点です。軍隊が外国に駐留する場合、その国の法律に縛られていては軍隊としての行動ができません。そこで地位協定が必要になってきます。これがないと軍隊は国外に行けません。世界中、どこに行っても地位協定があるのは国際常識なのです。

もちろん、地位協定の中身については、いろいろと改善していかなければならない点はあります。1995年に沖縄で米兵による少女暴行事件が起こりましたが、このときのように、犯人の在日米兵がすぐに日本の司法当局に引き渡されないという時代がありました。しかし現在は、相当改善されています。

ただしアメリカ側からすれば、日本の司法制度に欠陥があるのです。軽犯罪であっても、逮捕されれば丸一日、24時間尋問されます。弁護士を同席させないことも多い。パニックに陥れて自白させるような司法制度に、アメリカ側は疑問を持ち、「それではとても引き渡せない」ということになっていたのです。

日本の司法制度でも2019年に、殺人など裁判員裁判の対象事件や検察の独自捜査制度で、**取り調べのすべての過程で録音と録画を義務付ける**「全面可視化」がスタートしました。しかしいまだに弁護士の同席は、認められていません。可視化されても弁護士の同席が認められない限り、即引き渡すということにはならないでしょう。

日本の人たちは、「弁護士が同席したら罪を認めないのではないか」と考えるようですが、これは司法に対する認識の甘さです。「白状させない」ために弁護士はいるのです。法律の基本から言って、犯罪を立証するのは逮捕した側にあるのです。そのために証拠を集め、犯罪を立証するのです。その大原則が日本では確立されていないので、「自白」頼みの冤罪が起きたりするのです。

また、日米地位協定の運営を協議する「日米合同委員会」もよく批判を受けます。委員会で協議された内容が外に出ることはないので、「アメリカに有利なように密約が交わされているのではないか」という批判です。特に左派の人たちがこれを口にします。

しかし、日米政府間の合意については、正式な閣議決定や政府代表者同士の合意が不可欠なのです。日米合同委員会に、新たな合意を決定する権限はなく、したがってそこで「密約」が結ばれることはありません。これは国際法の常識です。

私の友人にも、この委員会のアメリカ人メンバーがいますが、彼も内容は一切明かさないので私は知りません。でも「日本がアメリカの言いなりになっているなんてとんでもない。事実はまったく逆で、むしろ日本側がいろいろな難題を突きつけてくる」と語っていました。「とても神経を使う」そうです。私も最近、参加を誘われたことがありますが、入ってしまうと思い切った発言ができなくなるのでやめました。

尖閣有事に米軍は対応してくれるか？

日米安保条約に話を戻します。この第5条には「各締約国は、日本国の施政の下にある領域における、いずれか一方に対する武力攻撃が、自国の平和及び安全を危うくするものであることを認め、自国の憲法上の規定及び手続に従って共通の危険に対処するように行動することを宣言する」とあります。

この安保第5条は日本の安全保障の基本条文です。したがってアメリカで大統領が交代するたびに、日本政府はこの5条が尖閣諸島にも適用されるかどうかの確認を求めます。「もし尖閣に有事が勃発したら、アメリカは助けてくれますよね」という確認です。アメリカの公式見解では、領土問題に関しては中立であり、当事者同士が解決するものだと言ってきました。

トランプ前大統領にその質問をしたら、「はい。アメリカは日本の後ろについています」と答えました。「後ろ」です。前が動かない限り、後ろも動かないでしょう。つまり、日本が尖閣諸島を守る意思を示さなくてもアメリカが独自で動いて尖閣を守ると期待させるような発言ではありません。ただし、アメリカの国益になるとアメリカが判断すれば、守る可能性はあります。

では、本当に尖閣諸島に中国が侵攻した場合、米軍は出動するでしょうか。「無条件に」出動してくれると、甘く考えないほうがよいと、私は思います。

第5条は「(日米が)共通の危険に対処する」と定められていますが、「自国の憲法上の規定及び手続に従って」とあることに着目してください。「手続き」とは議会の承認です。アメリカ合衆国憲法では「開戦決定権は連邦議会の下院にある」と定めているのです。大統領がいくら「YES」と言ったところで、**連邦議会の下院が承認しない限り、日本のためには動かない、日米安保は発動されない**のです。

例えば沖縄の尖閣諸島に偽装した中国の民兵が上陸し、発砲してきたとします。自衛隊が中国軍と衝突するというケースです。最初は海上保安庁や警察が対応するでしょうが、中国側は武装した海警局と軍が出てきます。全面衝突という事態で、日米安保が発動されるかどうか？

在日米軍基地やアメリカの戦略上の要衝が攻撃を受ければ、米軍はすぐに動くはずですが、尖閣諸島については、ほとんどの**アメリカ国民が耳にしたこともない名前の無人の岩礁を守るために米軍が出動するのはナンセンス**だと考える向きもあるのです。いかなる規模の戦闘といえども、アメリカ軍将兵に死傷者が生じてしまう可能性もあります。アメリカ国内世論や連邦議会で「そんな島のために若者の血を流すのか」という意見が出る中で、政府がそれを押し切ってまで軍を派遣するとは思えません。

まして交戦相手が中国となれば、米中戦争や第三次世界大戦まで想定しなければなりません。アメリカが全面戦争を覚悟してまで日本のために戦ってくれるというのは、希望的観測であり、単なる願望でしかないのです。ウクライナを見ても明らかです。

アメリカが沖縄に駐留しているのは、自国の世界戦略上の利害のためです。アメリカの国益に合致する場合は、過去にも議会の開戦決定を待たずに戦端を開いてきました。

しかし、尖閣諸島の場合は、そうするかどうか……。「議会の承認」という事実は、参戦するもしないもアメリカ次第だということです。もちろん、日米安保条約がある限り、アメリカがまったく動かないことはありません。しかし、最前線は自衛隊に任せて、米軍は背後に回るということも多分に考えられるのです。

しかも安保条約第10条では、「日米どちらもこの条約を終了させる意思を通告することができる」とあります。万が一、通告された場合、1年後に終了します。つまりアメリカは「これ以上、日本に肩入れしても国益にかなわない」と思えば、日本を守る義務はなくなるのです。

ロシアは稚内に上陸し、旭川を攻める

尖閣諸島だけではありません。北海道についても同じです。いま現在はロシアが北海道に攻めてくるような状況にはありません。でも将来的にどうなるかは不明です。例えばアメリカとロシアの緊張が高まったとき、ロシアがオホーツク海を要塞化するために、北海道に限定侵攻してくる可能性があると語る自衛隊関係者は少なくありません。

その場合、日米安保はどこまで効果を発揮するでしょうか。「米軍が来るまで厳しい戦いが続く」というのが自衛隊関係者の意見です。

私が聞いたところでは、**ロシアの地上軍の上陸・侵攻ルートは稚内と国後島が有力**だそうです。サハリンから稚内の宗谷岬までは42キロしかありません。そこで稚内や天塩《てしお》に上陸し、国道40号で旭川を目指すというものです。

もう一つ、北方領土の国後島から侵攻することも想定されています。国後から根室海峡までは16キロ。標津《しべつ》や斜里《しゃり》に上陸し、帯広に向かってくるというのです。どちらも最終目標は札幌です。

ではこんなロシアの大規模侵攻に当たって、日米安保は発動されるのでしょうか。ここまで緊迫の度合いが増せば、発動されないことはないでしょう。でも、いつの段階で発動されるかは、あくまでアメリカの意思決定次第です。また、たとえ発動されても手続きと準備があるので、すぐには来られない。つまり米軍が来るまでの間、自衛隊が防衛に当たるしかありません。

ウクライナの例を見るまでもなく、敵国が侵攻してきたら地上戦になります。ミサイルを撃ち込むだけで領土を支配できるわけではなく、地上軍が制圧しなければなりません。その防衛任務に当たるのは自衛隊しかないのです。

自分で守る気持ちがない国は誰も助けてくれない

では、尖閣有事に当たって、日本人はどう考えるべきでしょうか。ウクライナの姿勢を手本にするべきです。

当初、ロシアは「短期間のうちにウクライナが白旗を揚げて、ゼレンスキーは亡命する」と踏んでいたはずです。でもウクライナは決して降伏せず、徹底抗戦を貫きました。ここが大事な点です。自分の国を自分たちで守ろうとしない国を、他国が助ける道理はないのです。

尖閣諸島にせよ北海道にせよ、有事で相手を撃退するためには、米軍の応援が不可欠です。実は日米安保が発動されたとき、米軍のどの部隊が来援するかは決まっていて、その部隊との共同演習も行われているそうです。

日米が共同演習をするのには大きな意味があります。というのは、軍隊は人間が作る組織だからです。戦闘の際に作戦の指揮をするのは人間であり、最前線で敵を迎え撃つのも人間です。同じ部隊でも、あるいは共同作戦を展開する他国の部隊同士でも、そこに人間同士の確固とした信頼関係がないと機能しません。

尖閣諸島の場合も、まず自衛隊が懸命に戦い、何とか持ちこたえているところに米軍が助けに来るという構図になるはずです。でも「窮地にいる仲間を助けたい」という思いがなければ、米軍は必死にならないでしょう。「だから共同演習で顔を合わせ、場合によっては一緒に食事をしたり、お酒をくみかわしたりして信頼関係を作ることが大事になる」と知り合いの米軍将校が語ってくれました。自衛隊の幹部も「待ってろよ、いま助けに行くぞという強い信頼関係を持ってもらうことが大事」と言います。それが、日米同盟をより強固にしていくものだと、私は思います。

日米安保でいかに両国の強固な結びつきが強調されていても、敵を迎え撃つときに役立つのは人間同士の絆です。だから日本とアメリカという国家の枠を超えて、共同戦線を組む人間関係があってこそ、同盟というものが効力を発揮するのだと思います。

そこで重要になるのは先ほど言った「自分たちで守ろうとする意志」です。その意志がなければ、誰も助けたいとは思わない。しかもそれは「自衛隊にすべて任せた」ということではなく、国民も一緒になって国土を守る、一緒に戦うという気持ちが必要なのだと思います。

そうでなければ、自衛隊だって十分に戦えないし、米軍が助けに来てくれることもないはずです。しかも「日本が攻撃されたときはアメリカが助ける」という片務的なものではなく、「アメリカが攻撃されたときにも自衛隊は助ける」という強い意志を示す必要があります。「お互いに助け合う」姿勢が、連帯感を生むはずです。

世界各国がウクライナを支援し、すでに830万人以上の難民を受け入れているのは、ウクライナ国民が頑強に抵抗しているからです。この現実を日本人も直視し、**自衛隊を、自衛戦力を行使できる組織にするために、憲法改正問題と向き合う**ことです。

アメリカは「世界の警察官」ではない

アメリカは「世界の警察官」と言われ続けています。しかし当のアメリカ人は本音では「なんで自分たちがそれをやらなければならないのか?」と思っています。「自分のことは自分でやりなさい」ということです。

以前、オバマ大統領の時代に「アメリカは世界の警察官をやめた」と報道されたことがあります。でもこれは間違い。オバマ大統領は「世界の警察官をやめた」のではなく「世界の警察官ではない」と発言したのです。要約すると「アメリカは警察官ではないのだから、世界中で恐ろしいことが起こっているが、すべてに対処することはできない。でも大事な局面が訪れたら動きます」と言っていたのです。

でもこの発言は「世界の警察官をやめた」という部分だけが切り取られて、日本では「だったら自分の国は自分で守らなければ」という論議がわき起こるきっかけになりました。でも「自分だけで守れ」と言っているわけではありません。日本にとって唯一の同盟国アメリカがいるのだから、パートナーとして相応の資金や人材を負担し、有事のときは米軍と共同で活動できるよう「ルール（憲法）」を改めましょうと言っているのです。

「大事な局面が訪れたらアメリカは行動する」というメッセージの背景には、アメリカが軍事行動を起こすべきかどうかの基準にする「パウエル・ドクトリン」というものがあります。ブッシュ（父）政権の米軍統合参謀本部議長のコリン・パウエル将軍が策定したもので、彼はブッシュ（子）政権では国務長官を務めた人物です。

①アメリカにとって国家安全保障上の重要な利益が脅かされているか？
②達成可能な明確な目標があるか？
③リスクとコストは十分かつ率直に分析されたか？
④他のすべての非暴力的な政策手段を完全に使い果たしたか？
⑤終わりのない争いを避けるためにも、もっともらしい出口はあるか？
⑥我々（アメリカ）の行動の結果は十分に考慮されているか？
⑦その行動はアメリカ国民に支持されているか？
⑧我々（アメリカ）は真に国際的な支持を得ているか？

彼は、アメリカが軍事行動を起こす場合は、これらの質問に対して肯定的な答えが出ていることが必要だとしています。

つまり、アメリカは「世界の警察官ではない」ので、アメリカが軍事行動を起こす際には、こうした条件を満たす必要があるということです。日本人は案外、このことを知らず「日米安保があるのだから無条件にアメリカが守ってくれる」と思い込んでいますが、**台湾有事に対しても、アメリカ軍が出動するかどうかには、高いハードルがあるの**

です。

安保条約でこれに相当するのが、「アメリカの国益と、それぞれの国の国益であると決めたときに行動する」です。

台湾防衛は、極東の安全保障体制を崩さないという意味で、アメリカの国益にかなうというのは疑いのないところです。沖縄本島の場合も米軍基地があるのですから、アメリカは動くでしょう。でも尖閣諸島だけの場合はどうなるかは疑わしい。少なくとも日本が自ら守ろうとする気持ちを持たない限り、「⑦その行動はアメリカ国民に支持されているか？」に該当しない可能性もあります。

日米安保発動はアメリカ国民の意思次第

つまり、日米安保が十分に機能するかどうかは、日本の防衛体制も深く関わっているということです。力による現状変更を迫る中国に、日本はどう向き合うのか。アメリカ国民以前に、日本国民の意識が問われているのです。

日本国民が認識している日米安保条約によるアメリカの「防衛義務」とは、こんなシナリオではないかと思います。

「日本が外国から軍事攻撃され、〝専守防衛〟能力しか持たない自衛隊（盾）では撃退できない場合、アメリカが〝世界最強〟の軍隊（矛）を送り込み、外敵を蹴散らして日本を守ってくれる……」。少なくとも、そう信じたがっています。

その結果、「自衛隊は盾、アメリカ軍は矛」という原則が定着しています。しかし必ずしも米軍は「矛」ではないのです。もちろん、「日米共通の危険に対処する行動」には戦闘行動も含まれます。でも現実的には、日本に対するそれ以外の軍事的支援と言うほうが現実的です。それは**監視衛星などによる偵察情報の提供、武器弾薬や燃料、医薬品などの補給、軍事顧問団による作戦指導**などです。

その理由は先ほども述べたように、日米安保で直接的軍事行動の発動を決めるのは大統領ではないからです。最終的には連邦議会の決定を待たなければなりません。議会ということは、世論の動向に左右されるということです。

アメリカ国民もおおむね日米安保を評価しているので、日本への支援をすること自体には反対しないでしょう。支援しないと「契約違反」になり、アメリカの国民性はそれを嫌うからです。

そこで条約上の義務は果たすという名目で、日本への「戦闘以外の軍事的支援活動」を提供するというのがアメリカにとって現実的な選択になります。

例えば、**弾薬保有量が不足する自衛隊に、各種ミサイルや爆弾、砲弾、機銃弾を補給する**などの軍事的支援なら、連邦議会も承認するでしょう。アメリカの兵器産業も大歓迎ですし、国内世論の反発もそう大きくないはずです。

防衛費の増額は避けられない

とすると日本は、「専守防衛」という概念を変えなければなりません。それが相手のミサイル発射拠点などを叩く「敵基地攻撃能力（反撃能力）」です。ある国が日本を狙ってミサイルを撃とうとしている場合、日本が先にその発射拠点を攻撃できる能力を持つということです。これまでと日本の防衛のあり方が大きく変わってくるのです。

防衛費の増額も決まりました。国内総生産（GDP）の1%から2%程度の水準が目標ということです。「財源をどう捻出するか」が議論になっていますが、ともあれ、防衛費拡大はもはや避けて通れないのです。

背景は、いうまでもなくロシアのウクライナ侵攻と、中国や北朝鮮による脅威の増大です。防衛費が拡大していくこと自体には両手《もろて》を上げて賛成というわけではありませんが、高性能のミサイルをたくさん持つなどして、「日本に仕掛けると大変なことになる」と思わせるくらいの防衛力を持たないと、抑止力になりません。

ただ問題は、増大した防衛費をどう使うかですが、これについては軍事専門家ではない私には発言の余地はありません。

戦争放棄・平和主義が国を滅ぼす！

日本国民がいま最も考えなければならないのは、日本国憲法、それも第9条についてです。憲法の前文では平和主義を謳い、第9条1項では「日本国民は、正義と秩序を基調とする国際平和を誠実に希求し、国権の発動たる戦争と、武力による威嚇又は武力の行使は、国際紛争を解決する手段としては、永久にこれを放棄する」と定めています。

そして2項では「前項の目的を達するため、陸海空軍その他の戦力は、これを保持しない。国の交戦権は、これを認めない」としています。つまり「戦争はしない」ということと「戦力を持たない」ということが書かれています。

でも、そもそも「自分の国を守る」ための自衛権まで放棄しているわけではありません。自衛のための戦争はできるし、自衛のための戦力は持てるのです。

ただこの問題になると、それでは「日本国憲法の平和主義に反する」という意見が出てきます。私はこの思想こそ、日本という国家を内側から崩壊させる原因だと考えています。端的に言えば、**平和憲法が日本人の頭の中をお花畑にしてしまった**からです。

そもそも「世界で唯一の平和憲法が日本を守っている」というのは、私から見たら〝不気味な妄想〟でしかありません。その結果、日本国内の治安を守る警察や、自衛隊、米軍を〝敵〟とみなし、排除する思想を生み出してしまいました。無知だとしか言えません。自分の家の鍵は誰でもかけるのに、国家を守るための鍵である軍事力を否定するなんて、私には到底理解できません。

だいたい「平和主義」というのは、「パシフィズム」の誤訳なのです。本来は「非戦主義」と訳すべきものでした。ただし「非戦」といっても「侵略戦争を拒否する」というもので、「防衛戦争」までは否定していないのです。

戦争には、侵略戦争をはじめ、防衛戦争、制裁戦争、代理戦争、そしてサイバー戦争、宇宙戦争、あるいは内戦など、さまざまな形態があります。このうち日本が禁止しているのは侵略戦争だけなのです。そう断言できる理由は「パリ不戦条約」の条文を読めば理解できます。

パリ不戦条約は、第一次世界大戦後に日本、アメリカ、イギリス、フランス、イタリアなどをはじめとする当時の列強など15か国が署名した条約で、いまでも約74か国がその当事国です。日本国憲法第9条1項はこのパリ不戦条約がベースになっていますが、不戦条約の締結国であるアメリカ、フランス、イギリスなどは、「不戦条約では侵略戦争は放棄されるが、自衛戦争までは放棄されていない」と解釈しています。そこで、日本国憲法第9条1項でも、侵略戦争はいけないが、自衛戦争は認められていると考えられるのです。

日本国憲法には「国権の発動たる戦争」という一文がありますが、これはパリ不戦条約では「侵略戦争」の意味なのです。したがって日本国憲法も「侵略戦争を否定している」と解釈することができ、侵略戦争をしない自衛隊は合法的だと考えることができるのです。しかし日本では、憲法学者ですら憲法第9条の「不戦条約」の意味、つまり「侵略戦争はいけないが自衛戦争は認められる」ということを理解している人はほとんどいません。だから自衛権すら否定してしまうのです。

また、日本国憲法は「欽定憲法」ではなく「民定憲法」であるということも忘れてはいけません。欽定憲法というのは、ほとんどの権限は君主が握っていて、それを少しずつ国民に付与するというものです。日本では大日本帝国憲法がこれに当たります。

この欽定憲法の悪いところは、**憲法の条文で許されていないことはすべて禁止になる**ということです。何か新しいことをするためには、憲法を改正して、新しく条文を追加しなければなりません。いわゆる「ポジティブリスト」です。ちなみに日本の自衛隊法もこれのため、戦場における兵士の行動が驚くほど制限されています。自衛官は法的に手足を縛られた状態で戦わなければならないのです。

一方、英米に代表される民定憲法は、「すべての権限は国民にある」というものです。これは欽定憲法と違って、「憲法で禁止されていないことは基本的にOK」というものです。マッカーサーは日本に民主主義を植え付けるために、どうしても新生日本の憲法を民定憲法にしたかったのです。

日本国憲法を民定憲法と捉えれば、「国権の発動たる戦争」をすべての戦争と拡大解釈するのは間違い。禁じているのは侵略戦争だけと解釈することができるのです。

それに、ジャーナリストの櫻井よしこさんは、「国連憲章第51条」にも言及しました。「国連安全保障理事会が最終的に必要な措置をとるまでの間、加盟各国は個別的自衛権も集団的自衛権も『固有の権利』として行使してよい」と決められているのです。

つまり本来、どんな国にも自国を守るために戦う権利、防衛戦争をする権利があるということです。憲法をきちんと解釈すれば、「戦争をすべて放棄したわけではない」ということがわかるはずです。

「平和」とは何か、考えたことはありますか？

日本国憲法の三大原則があります。「基本的人権の尊重」「国民主権」、そして「平和主義」です。最初の二つはいいとして、「平和主義」とはなんでしょうか。「戦争をしないことだ」と解釈する人は多いですが、それはすべての戦争を否定するのではなく、「侵略戦争をしてはいけない」という意味だということだけは覚えておいてほしいものです。そういう意味では、自衛隊をあえて自衛隊と呼ばなくても、「軍隊」としても構わないと私は思っています。

先ほど、「平和主義は、本来は非戦主義と訳すべきものだった」と述べましたが、平和主義の何が悪いかと言えば、それは3つあります。

第一に、戦わなければ国家が滅亡する可能性があるということ。「戦わない」と宣言すれば、侵略を狙っている側の思うつぼです。戦争の抑止力を弱め、滅亡の可能性を高めるだけです。

第二に、**他国から様々なものを略奪される恐れがある**ということ。端的な例が北朝鮮による拉致被害者ですが、尖閣諸島、竹島、北方領土などの領土・領海・領空だけでなく、日本人としての名誉や精神性も奪われます。

第三に同盟国の信頼を失うことです。何度も言いますが、自ら白旗を揚げてしまう国を応援しようという国などあるはずがありません。

このように「平和主義」の実態は、国と国民を堕落させる以外にないものなのです。「専守防衛」についてすら否定する憲法論者もいます。そういう人は「早くギブアップしたほうが被害が少なくすむ」という意見を口にしたりします。ウクライナの場合も、さっさと降伏したほうが、被害が少ないという意見が、まことしやかに語られました。でも、本当にそうなのでしょうか？

憲法の前文には「諸国民の公正と信義に信頼して……」と書かれていますが、これは他国に対するなんの拘束力もなく、崇高な理想を語っているだけです。その精神は美しいものですが、それだけで日本を守れるはずはないのです。

憲法第9条をどう変えたらいいのだろうか?

では、実際に憲法をどのように変えたらいいのか? やはり問題は第9条です。防衛戦争は否定されていないのですから、本当は改憲の必要はないのですが、これまで述べてきたような〝誤解〟を解くためにも、第9条をきちんと整備すべきだと思います。

まずは第9条2項を削除するのが手っ取り早い方法です。「陸海空軍その他の戦力は、これを保持しない。国の交戦権は、これを認めない」という部分を削除するのです。防衛戦争までは否定されていないのですから、本来はこれだけで十分なのです。

でもマスコミや日教組、日弁連などが長きにわたって国民を洗脳してしまい、「自衛戦争さえ禁止」と思っている人が多いので、わかりやすくするための第3項を新設して、「自衛隊は合憲である」ことと「前項第2条の『交戦権』は侵略戦争を意味する」旨を入れる。「交戦権」に関して言えば、「占領地の行政権、船舶の臨検・拿捕《だほ》権（船舶を捜索したり拘留する権利）、敵兵力を兵器で殺傷する権利」などは、国際法上、交戦国に認められる権利です。

そして「自衛隊は自衛のために必要な戦力を保持する」と入れればよいのです。つまり、「防衛戦争は認められる」と「防衛のための戦力は保持する」と明記すれば、憲法解釈の混乱はなくなるはずです。

憲法改正を閣議決定ですませてはいけない

憲法改正に関しては、以前から「国民投票」が叫ばれています。岸田内閣は「敵基地攻撃能力」も「防衛費・ＧＤＰ比２％」も閣議決定しましたが、これは法律解釈の範囲の問題なので、それでよいと思います。ただ憲法改正をするのなら、きちんと国民投票にかけるべきだと私は思います。

本来は**憲法改正の必要すらなく、いまのままでも軍事力の整備はできる**のですが、国民のコンセンサス形成のためにも、きちんと国民投票をするべきだと思います。

日本では1994年に「小選挙区制への変更」を実施しました。これも厳密に言えば憲法で改正すべき案件でしたが閣議決定で決まりました。それが民定憲法の利点でもあります。解釈の変更で憲法を変えることができるのが民定憲法なのです。

例えばアメリカ合衆国憲法には「LGBTQの権利」も「同性婚の自由」も書かれていません。しかし2015年の最高裁判決で「同性婚の禁止は憲法違反」と決定されています。「憲法の精神から見てそれが当然」という判断です。ところが今度は、その判決がひっくり返されないようにと、それを成文化する「結婚尊重法」が超党派の支持を得て新しく制定されました。

「敵基地攻撃能力」がなぜ必要になるのか

話を戻しましょう。「専守防衛」について言えば「守りに徹する」という姿勢を変えるわけにはいきません。本来は「相手から武力攻撃を受けたときに初めて防衛力を行使する」というのが専守防衛です。

しかしこれは、旧時代の戦争の考え方でしかありません。敵が海軍力・空軍力を使って攻めてきて、最終的に日本に上陸するという想定なら、これでも最低限、対応できるかもしれません。

しかし、緊張状態に入った途端、敵がミサイルを発射したらどうなるのでしょうか。その兆候が見えたときに、準備する必要があるわけです。「有事勃発」を待っていては駄目なんです。現代戦では「専守防衛」という理論の根拠そのものが危うくなってきているということです。

その「専守防衛」に関連して議論されるのが「敵基地攻撃能力」です。これは弾道ミサイルの発射基地など、**敵の基地を直接、攻撃できる能力で、敵が攻撃に着手したと判断した段階で反撃する**ものです。「先制的自衛権」や「先制防衛」と言いますが、先ほど紹介した不戦条約を審議していたときには、「先制的自衛権」が条約で禁止されていないことが確認されています。攻撃の兆候がない場合に敵基地を攻撃する、先制攻撃はもちろん許されません。

これまで日本は、相手基地への攻撃はアメリカ軍にゆだね、自衛隊は、攻撃的な武器の取得を自制して防衛に専念し、「敵基地攻撃能力」は、政策的に保有しないとしてきましたが、この政策転換の背景は、いうまでもなく北朝鮮が繰り返すミサイル発射にあります。北朝鮮は低空で飛行し、変則的な軌道で落下するとみられる新型ミサイルを連発しています。日本の排他的経済水域まで多数のミサイルを発射し、防御できないようにするため、運用能力の向上を目指しているとされています。

中国も日本を含むアジア太平洋地域を射程に収める中距離弾道ミサイルの充実を急いでいます。2019年には極超音速兵器で、音速の5倍以上の速さで飛行しながら軌道を変えられる能力を持つミサイル「東風17」を初公開しました。こうしたミサイルは、既存のミサイル防衛体制では迎撃できない可能性があるとみられています。

そこで日本政府は、発射直前のミサイルを叩けるように攻撃能力の保有を検討しているのですが、具体的な背景の説明はまだありません。

軍事の専門家に聞くと、まずは装備の導入が検討課題だそうです。例えば奇襲攻撃に使用される移動可能なミサイル発射台を攻撃するには、偵察衛星や無人偵察機で、位置を正確に把握すること、そして敵が攻撃に着手したと判断できる情報を入手することが不可欠です。そのためには、リアルタイムでその情報を自衛隊の航空機や艦船に伝える総合的なシステムが不可欠ですし、確実に効果をあげるアタック部隊を揃える必要があります。

日本が単独でその能力を身に付けようとすると、相当な時間と費用がかかります。しかし、敵のミサイルの発射を阻止するための攻撃力は、必要不可欠な時代になっているのです。

「非核三原則」の幻想・妄想を捨てよう

ウクライナ侵攻を目の当たりにし、台湾有事が現実味を帯びる中で、「核」に対する国民意識にも変化が見られます。

日本はこれまで「非核三原則」を掲げていました。核兵器を「持たず、作らず、持ち込ませず」という原則で、世界で唯一の被爆国ならではの矜持です。

しかし、2022年3月の世論調査では、左派系の意見が強く打ち出されがちなTBSのものでさえ、「核共有に向けて議論すべきだ」が18%、「核共有はすべきではないが議論はすべきだ」が60%と、「核問題を議論せよ」が合計78%を占めています。「抑止力が大事」だということに国民が目覚めてきた証拠だと思います。核大国であり**国連の常任事理国でもあるロシアが、核のない国を侵略**し、しかも「核を使う」ということを恫喝の材料にしている。これにはさすがに能天気な日本人も戦慄したのでしょう。

核の問題だけではないのですが、今回、「敵基地攻撃能力」や「防衛費・GDP比2%」についても、国民の間に強い反発は見られませんでした。あの朝日新聞でさえ、表だって反論していない。「手続き」とか「使い道」には注文をつけていますが、反対そのものはないのです。以前だったら徹底的に「反対キャンペーン」を張ったはずなのに。

それは、小選挙区制という制度の問題はあるにせよ、この間の国政選挙で審判が下され、国民の意思が明らかになったからです。

これまでは、日米安保条約で、アメリカが「矛」として攻撃する役割を担い、日本は「盾」として守りに徹するという役割分担をしてきました。しかしアメリカの圧倒的な軍事力は徐々に陰りを見せるようになり、代わって中国が台頭してくるようになって、日本の役割が増してきたのです。

それが表れたのが、「集団的自衛権」です。日本は自国が攻められたときにだけ自衛権を発動するのではなく、同盟国のアメリカ軍が日本周辺で攻撃を受けるときには、そこに対しても自衛権を発動できるということです。

これまでは集団的自衛権までは憲法で認めていないと解釈されていました。これを覆したのは安倍内閣です。2014年にそれまでの憲法解釈を変え、集団的自衛権も憲法で認められるということを閣議決定しました。

これによって、例えば台湾有事で戦闘が起き、アメリカ軍が参戦した場合、自衛隊もアメリカ軍と一緒に戦う可能性が出てきます。こうして日本の役割に「矛」の要素が少しずつ入ってきたのです。「敵基地攻撃能力の保有」も「防衛費大幅増額」の動きも、この流れの延長線上にあります。

でも前述したように、日米安保は国と国との約束という以上に、日本とアメリカの両国民による信義の取り交わしです。日本国民は「日本が攻撃されたときはアメリカが助ける」という片務的なものではなく、「アメリカが攻撃されたときにも自衛隊は助ける」という、強い意志を示す必要があります。

私は、憲法第9条を改正するにあたって、「戦力」と「交戦権」を規定し、個別的自衛権を認めると明記されるのであれば、同時に、「集団的自衛権」が認められるとも明記すべきだと考えています。これは、昨今の国際情勢に鑑みて、自国の防衛のみならず、特に日本と密接な関係にある他国への侵略については、**国際協調の一環として、日本も**

防衛の責任を果たすべきといった価値観に基づくものです。

日本が個別的自衛権を有すること、少なくとも自衛隊が憲法違反でないことについては、これまでの政府見解や判例によって明らかです。あとは「自分の国は自分たちで守る」という強い意志、そしてそれでも助けが欲しいときのために「あなたが困ったら、可能な限り助けに行きます」という相互信頼の精神が必要です。「集団的自衛権」は、そのための方策でもあるのです。

日本は核保有も核シェアリングも必要ない

「核保有」についても急速に話題になってきました。ウクライナは世界でも第3位の核保有国でしたが、核兵器を自ら放棄し、非核兵器国となって核兵器不拡散条約（NPT）に加盟しました。その前提にアメリカ、ロシア、イギリスが「ブダペスト覚書」に署名し、ウクライナの安全保障を約束したからです。でもプーチンはこれを反故《ほご》にし、核攻撃の可能性をちらつかせています。ここで、「ウクライナは核兵器を放棄したから侵略された」という声が大きくなったのです。

でも私は、これは危険な論理だと思います。曲がりなりにもいまの世界には核不拡散体制があるのに、多くの国がそう考えて核兵器を持ち始めると、偶発戦争や誤操作の確率が高まるだけです。なお、核兵器がテロ組織の手に渡りやすくもなります。

結論から言うと、日本は核の独自保有もシェアリングも必要ないと、私は考えています。それは「世界の恒久平和」という目的以外に、日米同盟が強固である限り、日本はアメリカの「核の傘」の下にあるからです。

尖閣諸島などが中国や北朝鮮の標的になることはなく、なったとしても被害は軽微でしょう。これではアメリカ世論は動きませんが、標的が日本本土になったら、アメリカ世論も黙っていないはずです。

なぜなら、標的になる可能性は東京や大阪という大都市の場合もありますが、沖縄、佐世保、岩国、横須賀、厚木、横田、そして三沢といった主に米軍基地があるところになるはずです。いうまでもなく、ここには米軍将兵だけでなく、その家族も居住しています。

中国や北朝鮮の不当な攻撃で、自国の軍人や家族が生命を落としたとしたら、アメリカ世論が黙っているはずはありません。

ですから、いまさら日本が核兵器を持つ必要はないのです。「非核三原則」は建前であって、現実に**日本周辺に潜むアメリカの原子力潜水艦は核を搭載しているはず**です。核はいざというときの「抑止力」になればいいので、地上でも海底でも、「いざというときには報復される」という恐怖を与えておけばよいのです。しかもグアムや韓国には核が配備されています。

「核の共同使用」という論議も盛んになっていますが、私は「アメリカの核の傘」に入っている以上、日本に有事が勃発したら、アメリカの核が有効だとちらつかせておけばよいと考えています。あえて「共同使用」を強調しなくても、中国もロシアも北朝鮮も、ちゃんとわかっているはずです。「わざわざ自分で造るのは面倒くさい」というのが私の意見です。

ウクライナの場合は、核を放棄して丸裸になってしまい、それが今回の悲劇の一因になっていますが、もし日本が核を開発して、しかも親中国政権ができたら……核を中国に売り渡してしまうかもしれません。これが必ずしも非現実的とばかりは言い切れないのです。

第4章

ならず者国家の戦争に巻き込まれるな

有事での中国への経済制裁は可能なのか？

中国による「台湾有事」の勃発が現実味を帯びてきて、日本経済が被る打撃の問題が俎上《そじょう》に載ってきました。日本人の本音とすれば、できることならそれをせずに中国と向き合いたいと思っているはずです。日本は、中国との経済関係が濃いので、軍事面以外で中国と対峙できる方法があれば、それを選びたいと思っているでしょう。

アメリカにも同じことが言えます。中国国内で製造して日本やアメリカに輸出する製品に関しては「脱中国」を志向するでしょうが、しかし中国市場を見捨てるわけにはいかないというジレンマに陥っています。

例えば、イーロン・マスク率いるSpace Xは、ロシアのウクライナ侵攻の際にウクライナに同社の通信衛星スターリンク（Starlink）を提供し、ウクライナ上空に展開させました。現代戦では相手の通信網を叩いて情報を遮断するのが基本の戦略ですが、マスクは**ウクライナ側の要請を受けてスターリンクを提供し、これで得られた情報がウクライナ側に有利に働いた**と言われます。

ただし、2023年2月8日に、ウクライナ軍に供与したスターリンクでドローンの操縦ができないようにする措置を講じたことを明らかにしました。その理由について、「スターリンクの提供は人道的な用途で使われることを目的としており、攻撃のために使用させせることは意図していなかった」と説明しています。

相手が中国だとどうなるでしょうか？　マスクはロシアを敵に回すことをためらいませんでしたが、中国の場合はマスクが所有する「テスラ」の重要な生産拠点であり、また大きな市場なのです。

バイデン政権は「中国封じ込め」のため、矢継ぎ早に対中強硬姿勢を盛り込んだ法律を施行していますが、それでもまだ、政府と産業界には温度差があるという意見も多くあります。アメリカの大手企業にとって、中国を失うことは大きな痛手なのです。

ロシアへの経済制裁は有効だったのか

中国が台湾に侵攻した場合、ロシアに行ったように西側諸国は経済制裁を科すはずです。でもそれは実効性に乏しいと、私には思えます。残念ながら、米中間の経済相互依存度は、日米間の約3倍という巨額ぶりだからです。対ロシアとは比べ物にならないほど高いのです。

例えば、アメリカが輸入する精製レアアースの80％は中国産です。しかも、世界のレアアースの需要は、２０３５年まで毎年8〜10％増えると見込まれています。アメリカ政府はこの依存度を減らす戦略を模索しています。容易ではないにしろ、改善していくしかないのです。

しかし、他の土地にレアアースが存在しないわけではありません。レアアースと呼ばれる17種類の元素は、地殻中に比較的多く存在しています。２０１７年にカリフォルニア州にある「マウンテンパス鉱山」を買収して以来、米ＭＰマテリアル社は同地のレアアース生産を活性化し、毎年世界で消費されるレアアース鉱物の約15％をレアアース濃縮混合物として製造することに成功しています。現在、レアアース濃縮混合物を分離・精製するために、中国に輸送する必要がありますが、２０２３年には、米国初のレアアース精製施設を開業すると発表しています。

レアアースはニュージーランドなどでも発見されています。日本近海の海底にもあります。海底開発には多額の費用がかかりますが、これは「環境問題」というより安全保障問題でもあるのです。世界の自動車がすべて電気自動車になると、当面は中国に依存せざるを得なくなるので、デカップリングを急がなくてはなりません。

でも、台湾併合までに中国を除外できるほどのレベルになるかどうかは疑わしいというのが実情です。中国を完全にデカップリングできないとしたら、台湾有事でも、ウクライナほどの支援は見込めない可能性があります。ロシアに対する経済制裁がある程度効果を発揮しているのは、ロシア経済の影響力がさほど大きくないからです。

ウクライナ戦争で、バイデン大統領は経済制裁でロシアをつぶそうとする腹づもりだったでしょうが、イランの例を見ても、イラン経済は疲弊の極みですが、それでもまだ政権が存続しています。ベネズエラもそうです。

つまりイランですら、**経済制裁で国家体制を変えるまでには至っていない**わけです。ましてや中国は経済大国です。効果は疑わしいと思わざるを得ません。

実際に中国との貿易に依存している国が多い。経済制裁をかけても、トヨタやユニクロや、他の日本企業がみんな中国から引き揚げるかというと、はなはだ疑問だというのが残念なところです。

日本は「スパイ防止法」整備を急げ

現代の〝戦争〟は「サイバー戦争」から始まると言われています。情報においても「専守防衛」の姿勢では、日本は守れないのです。それなのに、日本の最重要地点である沖縄で、中国に情報が筒抜けだとしたら、サイバー戦に勝てるはずがありません。

東日本大震災のとき、東京では計画停電が実施されました。それほど大規模ではなかったものの、そのときに私は思いました。

「サイバー攻撃で電源を攻撃されたら、日本はどうなるんだろう？　停電で東京がダウンしてしまったら、日本中が動かなくなる……」

当時、すでに**北朝鮮などによるサイバー攻撃の危険性**も指摘されていました。でもそれへの対抗策が明確になっていたとは思えません。残念ながら、サイバーセキュリティに関しては、いまだに日本は世界で最下位グループに位置する「脆弱な国」です。

それに政府もようやく気づいて重い腰を上げました。「サイバーセキュリティ戦略」の方針を示した原案を決定し、サイバー攻撃に対する防衛力や抑止力だけでなく、サイバー空間での動きを捉える「状況把握力」の強化を打ち出しました。そしてアメリカやオーストラリア、インドなどと連携して、中国、ロシア、北朝鮮を「サイバー攻撃国」として名指しし、強硬に対処する方針を示しました。

私はこの動きを歓迎しますが、これだけではまだ不十分です。併せて法整備、つまり「スパイ防止法」の成立が絶対必要なのです。日本は先進国では唯一、スパイ防止法がない国で、スパイ行為が明らかな場合でも、それだけで取り締まれる法律がないのです。したがってスパイ活動は野放し状態です。

「特定秘密保護法」が成立して、一部ではこれが「スパイ防止法の役割を果たす」と見る向きもありますが、とても完全だとは言えません。なぜかと言うと、「情報の秘密を守る」のは結構だとしても「怪しい工作活動を防止する」という、「スパイ行為を防止する」本来の意味が盛り込まれていないからです。スパイという犯罪行為の定義が明確でないから、結局、うやむやのうちに無罪放免になってしまいます。スパイを仕掛ける側からすれば費用対効果、つまりコストパフォーマンスがとても高い国なのです。

公安調査庁が苦労して工作活動や諜報活動をしている人間を検挙しても、法律が整備されていないために、微罪で終わってしまいます。スパイ取り締まりのために公安調査庁が苦労しても見返りがない状態です。経済安全保障を実効性のあるものにしていくためには、日本もスパイ防止法を制定する必要があるはずです。いまの日本にとって、情報を集める組織の整備と、取り締まりのための法律整備が明らかに国家の急務であることに、異論の余地はないはずです。

「ファイブ・アイズ」の仲間になれない日本の現実

つまり、中国が「法律戦」「心理戦」「世論戦」で展開しているスパイ活動を防止することは、いまの法律ではできないのです。

スパイ防止法というと、すぐに「国民が政府の監視下に置かれる」「うっかり内緒話もできない」などと言う人がいますが、むしろ**安全保障や最先端技術の機密情報が盗まれれば、日本国民の安全が脅かされる**可能性があるのです。

日本の国会議員には親中派や媚中派が多く、彼らが「スパイ防止法潰し」を先導してきました。日本弁護士連合会（日弁連）も正式に反対を表明しています。彼らは日本の安全を脅かす「獅子身中の虫」です。中国の浸透工作をストップさせるためにも、これをいかに取り除くのかが重要課題なのです。

実はスパイ防止法が制定できるかが「ファイブ・アイズ」に加盟できるかどうかの鍵を握っています。これはアメリカ、イギリス、カナダ、オーストラリア、ニュージーランドの英語圏5か国による政治・軍事面の機密情報共有の枠組みのことで、第二次世界大戦時に英米間で結ばれ、英米をはじめとする諜報機関が世界に張り巡らせた情報網を互いに利用、共有するという「UKUSA《ユークーサ》協定」に基づいています。第二次世界大戦中、あの有名なドイツの暗号機エニグマを共同で解読したことが発端になったと言われる協定です。

ここに現在、「シックス・アイズ」という形で日本を招き入れようという動きがありますが、現状のままでは加入できそうもありません。ファイブ・アイズにある秘密保持の枠組みが日本にはないからです。日本が加入すると、日本から重大な機密が漏れてしまう。だから「日本デカップリング」の可能性が高まっていたのです。一刻も早く制度を整備しないと、日本の先端技術がダダ漏れするだけでなく、日本の研究者は共同技術開発に参加できず、仲間外れにされてしまいます。

中国の脅威に対抗するため、日本のファイブ・アイズへの参加を強く後押ししているのがイギリスです。イギリスは香港問題で中国に約束を反故にされて怒り心頭、中国と対峙するためにも、日本の協力が必要だと考えているからです。

とはいえ、日本が加入を望んでも、日本にスパイ防止法がないことがネックとなるはずです。スパイ防止法も持たない国が本当に機密情報を守れるのかは、他国にとっても安全保障上の大きな懸念になるからです。

私は日本が早くファイブ・アイズに参加し、中国監視網の一翼を担うべきだと思います。そのための環境整備を急ぐべきなのです。

「セキュリティ・クリアランス」がない大問題

いまだにスパイ防止法さえ制定できない日本は、中国にとって実に「狙いやすい国」なのです。でも日本人にはそういう意識が乏しい。そもそも「セキュリティ・クリアランス」という概念すら共有化されていません。

セキュリティ・クリアランスとは、政府職員だけでなく公的機関やそれに関連する民間企業が職員や社員を採用する際に利用する制度で、「重要な機密情報の漏洩を防ぎ、機密情報を悪用しない人物であることを国が証明する信用資格」です。国の最先端技術などの重要情報にアクセスできる人物を厳選することで、機密情報の漏洩・流出を防ぐ目的があります。

ファイブ・アイズ加盟諸国はもちろん、ドイツ、フランス、韓国などでも導入されていて、この制度がある国家同士で制度の相互認証が図られています。取得するには犯罪歴だけでなく交友関係や財務状態なども含めた身辺調査を行う必要があることから、個人情報保護の観点で慎重論が根強いのですが、日本も早く導入する必要があると思います。

言い換えればセキュリティ・クリアランスとは、機密に関わっている人や研究者にとって「私は外国のスパイではない」という証明書のこと。これまで日本だけでなく諸外国でも、**最高機密に関わっている研究者が、実は外国のスパイだった**という例はたくさんあります。江戸時代の「草」と呼ばれる隠密のように送り込まれ、長い時間を費やして、地域に完全に同化していくように仕立てていく。なかなか、この人がスパイだとは気づきません。

したがって先進国ではこのセキュリティ・クリアランスによって、機密にアクセスできる資格を持つ人、少なくともスパイではないことが証明されている人をしっかり区別しています。

では、この制度がこのまま日本で導入されないと、どんなことが起きるのでしょうか？　諸外国、特に自由主義諸国は日本政府や企業と一緒に研究したがらなくなってしまいます。それは、自分たちの側からの産業秘密漏洩がなくても、日本から漏れる可能性があるからです。「日本はそういうスパイ研究者を完全に排除できる仕組みがないからね」ということになってしまうのです。すると日本企業のデカップリングが起きます。最後は日本国全体のデカップリングにつながりかねません。

繰り返しになりますが、日本が中国に対抗するためにも、ファイブ・アイズへの加入が必要です。しかしセキュリティ・クリアランス制度がないと、話は前に進まない。誰もが機密情報にアクセスできるなら、相手の国は怖くて機密を共有できません。こうした制度整備を抜きにして、**米英などと機密情報のやり取りを含む安全保障協力を深めていくことは難しい**のです。

この制度がないために、日本企業が不利益をこうむるケースもあります。例えばアメリカ国防総省が調達するものに関しては、セキュリティ・クリアランス制度を完備して、サイバーセキュリティのスペックがちゃんと守られているという保証がないと、契約を打ち切られてしまいます。

事実、日本のエレクトロニクス企業がアメリカの国防総省に製品を納入していたのですが、国防総省が求めるだけのサイバーセキュリティ標準に達していないとして、納入をストップさせられた例があります。当該企業の納入品に仕掛けがある危険性があり、それを国防総省の体内に取り入れることはできないという理由です。

中国政府が、海外から中国に進出する企業の会計ソフトに対して特定の銘柄を使うようにと命令した例があります。しかしそのソフトにマルウェア（ユーザーのデバイスに不利益をもたらす悪意のあるプログラムやソフトウェア）が仕組まれていて、データが中国側に筒抜けになっていました。これは、アメリカとドイツがその事実をつかんで世界に公表したので明らかになった例です。

中国共産党は中国国民の敵である！

国家に日常生活を逐一監視されている中国国民は実に気の毒だと、心から同情します。

中国国民のためにも世界平和のためにも、中国共産党の壊滅を願うのは私一人ではないでしょう。

2021年の統計によれば、中国人民14億人のうち共産党員は9671万2000人います。でも彼らは、自らが生産性を上げるわけではありません。思想教育をして、人民を支配するだけなのです。

国営企業のトップは共産党員が占めていますが、実質的な企業経営者は別に存在するので、彼らが経営能力を発揮するわけでもない。つまり、「共産党員」という以外になんの付加価値もない、いわば「奴隷制度のマスター」でしかないのです。

国営企業にしても、国家というバックがあるから経営を保っているだけで、実質の競争力は、それほど強くないはずです。しかも**巨大企業に育った民間企業にも共産党員が入らなければいけない決まりがあり、これが経営の邪魔になっている**とも言われています。

ろくに働かない共産党員を〝飼わなければ〟ならないのですから、生産性を度外視した余計な費用がかかります。しかもアリババの例でわかるように、自分たちの枠を飛び超えようとすると、途端に抑えつけるのです。アリババの創始者ジャック・マーが習近平に睨まれ、表舞台から姿を消してしまったことは、記憶に新しいはずです。「おまえのものはオレのもの、オレのものもオレのもの」というのが共産主義で、それを徹底しているのが習近平です。

共産主義体制が利己主義の塊であることは、ロシアという国を見ればよくわかります。ソ連という体制が転覆し、ロシアという一見、民主主義のような国に形態が変わりましたが、中身は相変わらずです。

共産主義崩壊の原因は、従業員も経営トップも、上から指示されない限り動かず、自ら工夫をこらして新しいことをしようという意欲が皆無だったからで、現代ロシアを見ても、内実はそう変わっていないように思えます。

中国はその悪しき先例を見ていますから、その轍を踏まないために必死でしょうが、さてこれからはどうでしょうか？　私は、いずれ共産主義の呪縛が重荷になって、中国の国力が落ちていくと考えています。たとえ経済が好調を維持したとしても、政治が足を引っ張る可能性は高いのです。

もしそうなったら、中国共産党も崩壊するでしょう。こうして中国が欧米並みの民主主義国家に変貌することを、私は待ち望んでいます。

北海道も南の島も、中国に買い漁られている

日本は、中国による日本の不動産取得の問題についても、早急に対策を講じなければなりません。

現在、北海道では中国資本が森林や水源地を買収し、対馬では韓国人が土地や建物を買い漁っています。対馬の海上自衛隊施設の近隣も韓国資本に買われ、自衛隊員がハングルの看板に囲まれた土地で暮らしています。韓国だけでなく、中国も対馬に手を伸ばしていて、韓国人から中国人に転売される例も多いと聞いています。

もっと憂慮すべきなのは南西諸島です。宇宙航空研究開発機構（ＪＡＸＡ）がある鹿児島県種子島《たねがしま》は、米軍空母艦載機離着陸訓練場の移転先となる馬毛島《まげしま》の近くです。また東シナ海と太平洋をつなぐ要衝に位置し、良港がある加計呂麻島《かけろまじま》や、自衛隊が離島奪還訓練を行う江仁屋離島《えにやばなれじま》、防衛省の高感度アンテナ「象の檻」がある喜界島《きかいじま》の近くにある奄美大島のアオン地区などが、南西諸島における標的になっています。

沖縄の先島諸島では、３０００メートルの滑走路を有する下地島と向き合う宮古島の海岸線、宮古島でも最も標高が高い平良《ひらら》西原《にしはら》一帯、そしてＳＳＭ（地対艦ミサイル）配

備候補地の近隣など、国防上の重要地域が、外国資本やそのダミー会社によって土地取得のターゲットになっています。

この結果、**米軍基地や自衛隊の防衛施設近隣地、国境離島など、米軍や自衛隊にとって防衛上の急所となる場所**が買収されて、有事に妨害工作の拠点として使われるかもしれません。2023年2月にも沖縄本島の北方・伊是名村《いぜなそん》にある無人島の屋那覇島《やなはじま》で、中国系企業が島の半分ほどの土地を購入していたことがわかりました。

この島は面積74万平方メートル、東京ドームおよそ16個分の広さで、〝沖縄最大の無人島〟と言われています。島は私有地と村有地が混在し、砂浜の大部分は村有地で、これまで一般客らの釣り場やキャンプ地となってきたそうです。島に水道・電気などのインフラ設備はありません。この企業はホームページで「リゾート開発計画を進めている」としていますが、これまで地元にそのような説明はなかったそうです。

日本では安全保障上、問題がない土地に関しては、外国人も原則、日本の土地を自由に売買できるのですが、島を所有する伊是名村などでは漁業などで生計を立てる人も多く、「開発などで漁場が荒れる」「安心して操業が出来なくなる」という声も上がっている様子です。

でもそれ以上に、この無人島は沖縄本島にごく近く、米軍基地の通信傍受が可能ともささやかれています。中国国内のインターネットの反応でも、「中国に転売しよう。そうすれば領土がまた一つ増えることになる」とか「中国人が無人島を全部買えばいい」といった過激なコメントが目につきます。本当に安全保障上の懸念はないのか、私には疑問です。

離島に関しては、2017年に施行された有人国境離島法があります。でもこれは国境離島の振興を目的としたもので、例えば、過疎化が進む長崎県の対馬で韓国資本が土地を買収するのを守ることなどが主眼です。いわば〝静かなる侵略〟から守るためのものですが、対馬では、韓国資本が土地を買い、韓国人旅行者がお金を落とすことで、対馬の人たちの生活が成り立っているのが現状です。そこで観光業以外の農林水産業でも生計を立てられるように、国が策を講じる必要があります。しかしこれも、最初だけ補助金を出して終わりではなく、継続的に支援していく体制を整備しなければなりません。

また、今回の例で見られるように、国境でなくても緊張状態が予想される離島の土地が売却される場合、少しでも安全保障上の懸念が生じないように、国が優先的に交渉できる特別法を整備することも重要です。

安値で買い叩くのではなく、不動産鑑定士が適正な価格を算出し、それ以上の価格で買い取るようにする。あるいは土地が借金の担保になっている場合は、抵当権を外すような措置や、税制上の優遇措置も考えるべきでしょう。こうして事実上の「国有化」をすれば、離島の土地問題解決は一歩前進するはずです。

土地規制法の強化を徹底せよ

こうした中国による土地の買い漁りに対抗するため、2022年10月にようやく日本でも、自衛隊基地や原子力発電所の周辺、国境離島などの土地の利用を規制する「土地規制法」が成立しました。これらの重要施設の周囲1キロや国境離島を「注視区域」に指定し、土地や建物の所有者の氏名・住所、利用実態などを政府が調べるものです。

特に重要な施設については周辺を「特別注視区域」とし、**一定面積以上の土地や建物の売買には事前の届け出を必要**としました。また、重要施設や離島の「機能を阻害する行為」については、政府が中止命令を出し、従わない場合は刑事罰が科されます。

でも、この法律だけで中国による土地の買い漁りが防止できると思うのは早計です。

事前届け出制は評価できますが、中国が正直に自分たちの姿を明かすはずがありません。その気になればいくらでもダミー企業を使えるからです。

ただし、規制対象区域として国境離島や防衛関係施設の数を挙げた点は評価できます。個別の地名の具体的なリストは示しておらず、野党やマスコミはこの点を批判していますが、これは「スパイ防止」の観点からやむを得ないものです。

今後はむしろ、現状の法律で曖昧な点を点検し、より実効性が高まるものに整備していく必要があります。施策の効果を丁寧に説明していけば、いまは反対意見を持つ人たちも耳を傾けてくれるはずです。中国に「特別な思い入れ」がない限り、その重要性を理解してくれるはずだと確信しています。

日本企業は「脱中国」を模索せよ！

しかし米中、日中が緊張状態になったときに備えて、日本も腰を据えて、立ち位置を決めておかなければなりません。

私は2年ほど前に北九州市で、九州産業界のトップを相手に講演したことがあります。

懇親会の席で「中国にどう対処しますか?」と聞いたところ、有名企業のトップが「いまは売り上げの4割を中国が占めていますが、それを徐々に減らしていくように、他の地域に力を入れています」と答えてくれました。また、別の企業のトップは、「売り上げの20%が中国ですが、それはそれとしておいて、他の地域に力を入れます」と答えました。いますぐのデカップリングは無理な話なので、もしも**中国で稼ぐ利益がなくなったときの影響を最小限にする**ために、他の市場を育成するしかないのです。とはいえ、やはり中国市場を見捨てるわけにはいかないのが日米ともに産業界のホンネでしょう。

そこでアメリカは、戦略的物資に関しては脱中国を志向し、それ以外のものは適度な相互関係を維持していくという方針を打ち出してきました。したがって、トランプ政権のときは強硬な対立姿勢を取ったアメリカですが、バイデン政権は是々非々主義で、強硬に対峙する分野とそうでない分野に分けて対応しているというのが現状です。

儲けよりリスクが大きい中国投資を見直す時期に来た

自由主義諸国は様々に中国とのデカップリングを模索しています。中国とのサプライチェーンを断ち切るために独自のサプライチェーンを作ろうとする中、日本企業も対中国投資を見直し、経済的関係を薄めていくことが重要になっていくはずです。

中国の巨大なマーケットを無視できないという気持ちは理解できます。自動車や家電製品の需要もまだ見込めるし、電気自動車やクリーン技術開発の需要も無視できないでしょう。中国がとても大きな市場なのは事実です。でもどんどん入り込んでいくと、やがて蟻地獄から出られなくなって、挙句は中国の言いなりになってしまうのです。

『時が滲む朝』で芥川賞作家になった友人の楊逸《ヤンイー》さんは、「中国の世界戦略は、他国を糖尿病患者のようにしていく」と看破しています。「美味しいからと口にし始めて、だんだんと贅沢になっていき、はっと気づいたら重症の糖尿病患者になっていて目も見えなくなり、足も腐っていく。やがて透析が必要になってしまう……」のだそうです。

つまり、もはや「中国投資はナンセンス」な時代になってきているということです。投資先が共産主義国家で私有財産を認めていない国だからです。いくら投資して利益を上げても、人民元は基本的に国外への持ち出しができない通貨で、「中国で儲けた利益は、中国の工場などをさらに近代化するために再投資しなさい」というのが中国の基本姿勢。「中国で稼いだ金は中国に投資しろ」という姿勢だから、いくら利益を上げても、利益を本社に引き上げることができないのです。

厳密に言うなら、中国本土で稼いだ人民元を香港ドルに交換して、それをさらに米ドルに交換して、香港から日本に送金する方法はあります。しかしそれは許可制ですし、上限も設けられています。無制限に持ち出せません。

日本のビジネスマンは、こんな中国投資のリスクをよく考えなければなりません。帳簿上は**売り上げが伸びているように見えても、実際に使えない資産**であるなら、いくら増えても何にもなりません。

そうした制約に縛られ、しかも技術を吸い取ったら「もう合弁は解消」と一方的に通告されたり、あるいはこちらが途中で引き上げようとすると罰金を科せられたりすることがあります。そんなリスクを冒してまで、中国で事業を続ける意味があるのでしょうか。製造工程の秘密保持に関しても、いくら「関係者以外立ち入り禁止」などの看板を出しても、当局がやって来て、「工場内に入れろ」とか「中に入っているデータを出せ」と命令されたら逆らえないのが現実です。

仕方なく、漏洩してもいいようなデータしか持っていかないとか、肝心な部分は本国から輸出して製造工程がわからないようにするなどの形で、中国デカップリングモデルを構築しないと、企業ノウハウが丸裸にされてしまいます。いまやその覚悟がない企業は、中国と取引すべきではないのです。

「台湾有事」で日本企業が〝接収〟される！

中国国内で、外国企業や外国人に対する規制が厳しくなっている点もネックです。中国はこの10年間で、共産党独裁を強化するための法律をたくさん制定してきました。注意すべきは「国家情報法」「国防動員法」「反外国制裁法」「外商投資法」など多岐にわたります。万が一、台湾有事が勃発したら、〝敵対国〟日本の企業が中国政府から制裁を受けるのは疑いようもありません。

「国防動員法」は、「中国政府が有事と認定したら、中国国内にある外国企業（もちろん日本企業も含まれます）の工場や設備を接収することができる」という法律です。工場や事務所、倉庫、車両、製品その他資産、設備、装置、資材など、**外国企業が中国で保有する資産が差し押さえられて凍結されたり、徴用される可能性がある**のです。

中国には「超限戦」という言葉があります。武器を使わない戦争をするための浸透工作を、「あらゆる場所を戦場とする」という意味でこう呼ぶのですが、「統一戦線」という組織が日本社会に浸透し、貿易面やハイテク、金融、環境などの分野で、日本社会を攪乱させる様々な工作を展開しているのです。

日本の経済界は相変わらず「安全保障はアメリカ、経済は中国」という具合に相手国を〝分担〟していけばうまくいくという意識が根強いのですが、これはとても〝虫のいい〟考え方。目先の経済的利益だけにとらわれていると、台湾有事で資産を接収され、泥沼に足を取られたまま、抜き差しならなくなってしまいます。中国にはそんな〝蟻地獄〟のような法的整備がなされているのです（参考：『トヨタが中国に接収される日　この恐るべき「チャイナリスク」』WAC BUNKO）。

ロシアのような「ならずもの国家」に対する経済制裁のように、経済ツールは、使いようによっては「正義の武器」になります。

ところが中国は、自分たちに都合のいいようにこのツールを使うのです。例えば20

10年に尖閣諸島周辺を警備していた海上保安庁の船に中国の漁船が体当たりした事件がありました。公務執行妨害で逮捕したところ、中国が猛抗議をして、日本に対するレアアースの輸出をストップさせたのです。つまり経済は時として、ミサイル以上の脅威になるということです。もし日中関係が緊迫化して中国からの製品輸入がストップしたら、日本経済は大混乱に陥ってしまいます。残念ながら、これが日本経済の安全保障の現実なのです。

やはり日本は「脱中国」に舵を切るしかありません。一足飛びのデカップリングは無理でも、徐々に「希薄化」していって、中国依存の割合を減らす。代わりに**周辺に生産拠点を移して、完成品を中国に輸出する**のです。中国に依存していると致命傷を負います。中国ビジネスに対するリスクヘッジを、よく考えていく必要があると思います。

取り上げられた資産は戻ってこない

前述の国防動員法は、中国政府が「有事」と認定したら、中国国内にある日本企業の工場や設備を接収することができる法律ですが、では〝有事〟が終わったら返還してもらえるのでしょうか？　もちろん中国という国家が、一旦取り上げたものを返すとは到底思えません。資産は取り上げられ、従業員は人質になってしまい、生産機能を失ったら、メーカーとして存続できるはずがありません。

中国進出には、これほどのリスクがあるということです。それに気づけば、今後、中国に進出して製造拠点を作ろうなどと思わなくなるはずです。

そこで、すでに進出している日本企業は一刻も早く中国から引き揚げ、中国との取引が多い企業は、できるだけウエイトを減らしていくのが得策です。「いざとなったとき」では遅いのです。その前に計画的に分散化を図り、中国からフェードアウトしていかないといけません。つまり中国事業の希薄化を図っていくしかありません。

中国現地での製造から撤退すれば中国法人ではなくなるので、中国国内で回収した代金は日本に持ってくることができます。もちろん土地などは買えませんが、製造しないのなら必要なくなります。

しかし、これまで中国に多大な投資をしてきて抜き差しならない泥沼にはまり込み、いまさら撤退できないと躊躇《ちゅうちょ》することもあるでしょう。特にトップに立つ人は、自分の任期中に中国ビジネスを清算すると大赤字を計上しなければならなくなって責任問題が発生するかもしれない。それが怖いという人もいるでしょう。

先ほどの九州の経営者は「中国からの撤退」を語っていましたが、サラリーマン経営者では、なかなか決断しきれないというのが本音だと思います。でも創業オーナーの企業、例えばスズキやヤマダ電機などは中国から撤退しています。私有財産を認めない国家に資本を投下したらどうなるか、創業経営者なら肌で感じられるからでしょう。

対中国ビジネスは、これまでと大きく環境が変わりました。こちらも大きく舵を切らなければいけません。これ以上の損失を増やさないためには、早い時点で〝見切ら〟なければならない局面にあるからです。

日本企業は周辺諸国に拠点を移せ

中国という国家が変質し、事業経営環境が変わった以上、企業トップにはそれに対処する責任があるはずです。ただし、一挙に撤退するとなると、それは難しい。結局のところは合弁の解消ですが、それは中国側のＯＫがないと困難です。２０１９年までは「全会一致」が原則で、中国側がノーと言ったらだめでした。しかし20年以降は「合弁法」が「外商投資法」に様変わりし、多数決で決められるようになりました。

とはいえ、合弁企業は51％の株を中国側が握っているので、中国側には拒否権があります。したがって、なかなか撤退できないのが現実です。キヤノンは中国から撤退しましたが、これが成功したのは、**キヤノンが中国の従業員に法外な退職金を積んだから**だそうです（参考：『トヨタが中国に接収される日』）。

やはり、段階的縮小を図るしか方法はなさそうです。徐々に設備を譲渡し、時間をかけて従業員を整理して、段階を踏んで製造比率を落としていくしかないのです。中国での生産数量を減らし、その分をオーストラリアやインド、ヨーロッパなどに拠点を移し生産し、そこをメインにしていく。中国主軸体制から脱却していくしかありません。

生産比率を落としていくとなると、中国側は渋い顔をするでしょう。でも結局は認めざるを得ません。会社をたたむときには問題が発生しますが、会社が存続している以上、現行法では中国側も文句は言えないはずです。「脱中国」は、その方法しかないのです。

日本の大企業には無理でしょうが、中小企業なら、もう一つ「脱中国」の方策があります。それは合弁企業の日本側持ち分を他国に売却してしまう方法。例えば日中合弁をカナダと中国の合弁にしたり、ベトナムとの合弁に変える方法です。首尾よく買い手が見つかるかどうかですが、これは値段次第です。

もちろん、相当の「損切り」の覚悟がいります。それを嫌がる経営者は多いのですが、血を流さなければ事態は好転しないはずです。損切りして安く売って一度の大出血ですませるか、じわじわと痛みが広がっていくか、選択の時期に差し掛かっているのです。

中国をサプライチェーンから排除するために

中国は西側諸国から軍民両用技術を窃取し、兵器の近代化を進めてきました。

そこで、不透明な軍拡を続ける中国を警戒したアメリカを中心とする西側諸国が、中国の軍民両用技術や機微技術の発展を防ぐために、法整備に取り組んできました。

また「モノのインターネット」時代を受けて、政府や公的機関で使用する情報通信機器に「中国による隠しコマンドが仕込まれている」という懸念が現実になり、データが中国側に筒抜けになっていたという事例が多発していることは前述した通りです。

そこで「経済安全保障」という観点から、中国をサプライチェーンから排除するという動きにつながっていったのです。アメリカのバイデン政権は2022年末に「国家安全保障戦略」を発表し、「脱中国」の姿勢を明確に打ち出しました。一言で言えば「中国のサプライチェーンからの脱却」です。特に**半導体、蓄電池、レアアース、抗生物質や医薬品などの重要な戦略的物資**に関しては、すぐにでも「脱中国」を図ろうとしています。医薬品はインドで生産されるものが多いですが、原材料は中国産が多いです。それを改善しなければなりません。半導体やレアアースも同様です。

でも、それに対抗するように、中国も西側諸国を牽制する法律を次々と成立させています。すでに紹介した「国防動員法」は有事に当たって外国企業の在中資産を無承諾で接収・徴用できるというものです。これによる資産の接収も大問題ですが、それ以上に怖いのは、政府や人民解放軍が交通、金融、マスコミ、医療機関を管理し、国防義務をおろそかにしたり、拒否したりした者に罰金や刑事責任を問えるという点です。

外資系企業も例外ではなく、例えば日本人ビジネスマンや技術者、大学や研究機関の研究者などが副業勧誘、資金提供などの形で中国共産党の工作に取り込まれ、「中国政府への協力」を強要される可能性もあるのです。つまり、習近平の意向一つで「有事」が引き起こされたら、中国に進出している企業も個人も、とてつもない犠牲を強いられるということです。

前述した「国家情報法」も問題です。中国の全法人、全個人に国家の諜報活動への協力を義務づけるもので、いわば中国国民全員はスパイ活動をしろということなのです。

また、特に問題なのは「反外国制裁法」です。これは中国政府が外国企業の社員やその家族までを制裁対象にすることを可能にする法律です。「中国への内政干渉」や「外国の組織や個人が中国の主権、安全、発展の利益を害する行為をし、それに協力したり、支持する場合」などが制裁の対象になります。

これらが怖いのは、中国側の意向次第でどうにでも解釈し、運用できるという点です。胸先三寸でいくらでも取り締まれるのです。例えば「中国への内政干渉」としては、**新疆ウイグル、チベット、南モンゴル、香港での人権侵害行為を非難すると制裁の対象**になります。また、中国が「自国の領土」と主張している台湾を独立国家として扱うと、「内政干渉」として制裁の対象になるのです。

「中国の主権を害する行為」というのも大問題で、台湾有事が勃発し、中国が尖閣諸島にも侵攻したら、中国政府は国際ルールを無視して「自国の主権を侵害した」という勝手な理由をつけて、中国国内の日本企業に制裁を科すかもしれません。日本人社員が〝人質〟として拘束されたり、最悪の場合、強制収容所に送り込まれる危険性さえあります。

コロナ騒動で、日本側が「中国からの入国の厳格化」を打ち出したところ、中国への入国ビザの取り消しなど、横暴の限りを尽くす国です。国外退去のほか、中国国内にある財産の押収や凍結、中国企業との取引中止などを中国がためらうはずはありません。

アメリカとの〝協力関係〟も報復の対象になります。例えば日本企業がアメリカの法律に従って中国との取引を規制する行為や、日本の外為法に則って中国との取引を停止した場合も報復を受けるのです。また、中国国民や法人などの組織は、中国の国内裁判所に、「自分たちを差別する外国の措置差し止め」や損害賠償を訴えることもできるようになりました。中国は「反外国制裁」を着々と準備しているのです。

中国に対抗するために「経済安全保障」の徹底を

中国企業の日本への投資規制も考える必要があります。中国には「中国製造2025」という産業政策があります。「10の産業分野で2025年に世界のナンバーワンになる」という目標を掲げたもので、外国から技術を移転させて製造業の強化を図ろうという、実に身勝手な政策です。特に軍事関連の分野でその動きが顕著です。そこでアメリカは大統領令で、中国の軍事関連企業とアメリカ企業が結びつくのを禁止し、同時にアメリカ市場がこれらに投資するのも禁止しました。中国への技術の移転を阻止すると同時に、中国企業の資金調達をストップさせるのが目的です。

そこでようやく日本も「経済安全保障」の重要性に気づき、改正外国為替及び外国貿易法で、中国資本を過剰に導入できない仕組みを作りました。外資のリスクから企業を防衛するために、投資比率を厳しくチェックするようにしたのです。

しかし、アメリカが中国の軍事企業への投資を厳しく禁止したのに比べ、日本はまだまだ甘いように思えます。アメリカでは、そのときは審査をパスしても、その後の調査で問題点が発覚したら、投資の解除と撤回をさせるという強力な仕組みがありますが、日本にはアメリカのように、さかのぼって解除させるというような強権的な仕組みはないのです。

日本では**中国企業の本当の怖さに気づかず、中国の軍事関連企業とわかっていても、ちょっと金利の高い社債を出されると、そこにみんな群がってしまう**のです。しかしその資金は中国の軍事企業の武器生産に使われて、結果的に日本の安全保障を脅かすことになります。

もちろん、外国間の投資をすべてシャットアウトしてしまったら、経済は回りません。中国企業でも健全な投資の場合もあります。これらと悪意のある投資をしっかりと見分けなければ、経済活動は成り立ちません。もちろんこれは、とても困難な作業ですが、悪意を持って技術収奪に乗り込んでくるような企業に対しては、水際で見極めて警鐘を鳴らせるような仕組みが不可欠です。それが経済安全保障というものです。

「遅すぎる」感はありますが、日本が実行に踏み出したことは評価します。外為法改正もそうですが、同時に「経済安全保障推進法」を成立させたことは、それなりの評価をしていいと思えます。それは次の4つの骨格から成っています（参考：『トヨタが中国に接収される日』）。

1つ目は、国民生活に必要不可欠な物資の供給体制を確保する方策を立てたこと。有事の場合に例えば中国からの供給が途切れたら、日本の国民生活が破綻する可能性があります。そうならないように、あらかじめ中国以外の国からの供給網を整備し、リスク分散や回避をするよう道筋を作ろうとすること。中国中心のサプライチェーンに頼っていたら、有事の場合にどんな窮地に陥ってしまうか、それは火を見るより明らかです。

2つ目は、基幹インフラの安全性構築です。例えば情報通信、エネルギー、水道、物流、海上輸送などインフラを運営する事業者は、設備を導入する際に、おかしなプログラムが仕込まれていないか、徹底的に調べて、発注先を確認するものです。事業の相手先が日本企業だとしても、裏側に中国など外国資本が隠れている場合があります。情報が筒抜けになったり、遮断されたり攪乱されてインフラが破壊されて、国民生活が破綻しないための措置です。利用者の**知らないところで情報が盗まれ、中国に送られる危険性がないとは言えない**のです。

3つ目は、日本の「強み」を活かす方策を模索し始めたことです。日本に限らず、世界中が依存するような有力な〝武器〟(強み)があれば、それは大きな危険の抑止力になります。もし日本と事を構えると供給がストップして困るということになったら、無謀な侵略を諦めるかもしれないからです。例えば中国のレアアースのような資源ですが、残念ながら日本にはそんな資源がありません。そこで「強み」にできる技術を開発し、磨いていこうという方策です。現代のグローバル社会では簡単ではありませんが「国家百年の計」として推進していくしかありません。

4つ目は非公開特許制度を設けること。これは他のOECD諸国にはほとんどあるのに、日本にはありません。特許をすべて公開していたら、それが軍事技術に転用される恐れがあります。そこでこの制度を設けて、公開すべきでない特許をシークレットゾーンに置いておく。その代わり発明者には相応の代償を払うことにするのです。

私はこの4本柱の重要性を高く評価します。でも同時に、重要インフラを海外からの悪質なサイバー攻撃などから守るための、国内の仕組みも整備してほしいと思っています。まずはクラウド化の推進。そして、いまアメリカがトップを走っているクラウドの開発技術の推進。こうした先端技術開発によって、重要機密情報をどう守るかが重要だと思います。

もし中国、ロシアに侵略されたら、日本国民は……

繰り返し述べますが、中国はいろいろな形で諸外国に網を張り、自国の利益につながるような工作を繰り広げています。そんな中国に、日本はどう対抗したらいいのでしょうか。最終的には日本国民の「覚悟」の問題に尽きると、私は考えています。

再三述べてきたように、中国の沖縄侵攻も、ロシアの北海道上陸の可能性も「ありえない」とは言い切れない現在、「自分の国は自分で守る」という意識が大事です。ウクライナの人たちは、自分たちの10倍とも言われるロシアの兵力を相手に、懸命な闘いを続けています。その原動力は、「自分の国を守ろう」という強い意志です。

でも日本人は、それに比べると「何がなんでも」という意志が弱い。それは、占領というものに対して大きな勘違いをしているからではないかと思います。太平洋戦争敗戦後のアメリカによる占領統治のイメージがあるため、**仮に占領されても、それほどたいしたことにならないだろうと楽観的に考えている**のです。

しかし中国やロシアが日本を占領したら、アメリカが行ったような〝緩やかな統治〟を認めてくれるのでしょうか。中国に占領されたら、日本人はチベットに送られたり、いまのウイグルと同じような事態にならないという保証はないのです。中国に占領されたウイグル人やチベット人がどんな運命をたどったかを見れば、日本人がどうなるかは、容易に想像がつくはずです。もしかしたら、シベリア抑留と同じような過酷な現実が待っているかもしれません。

ロシアのウクライナ侵略では、東部の都市住民が強制的にロシア国内に移住させられているという話もあります。真偽のほどはわかりませんが、もしそうだとしたら、彼らの行き先も定かではないのです。

「国民が犠牲になるのなら、むしろ降伏しよう」という議論もありますが、こんな降伏論は日本を狙う国を利するだけです。戦わないで降伏すれば、侵略者は犠牲を払わないで済むのです。むざむざと蹂躙《じゅうりん》されるのを防ぐには、「自分がここで戦わなければ、自分の家族が故郷で死ぬ」という強い覚悟が必要なのだと思います。

国民の強い意志が最大の抑止力になる

もちろん、「軍事衝突を回避するために日本ができることはないのか」という意見も間違いではありません。軍事面の犠牲を払わないで済めば、それが一番いいはずです。

そこで日本人が頼りにしがちなのが国際連合です。日本人には「国連信仰」が強く、「国連で決議すれば平和が守られる」と思っている人が多いようです。でも国連が機能しないのは今回のウクライナ戦争を見ればよくわかります。よく言われるように国連は第二次世界大戦の「戦勝国連合」であって、アメリカ、イギリス、フランス、中国、ロシアのどこか一国が拒否権を発動すれば、たちまち機能不全に陥ってしまいます。したがって国連が日本を守ってくれるというのは幻想に過ぎません。だいいち、国連自体は軍隊を持っていないので、侵略者と直接対峙することはできません。「国連軍」という形でまとまったのは朝鮮戦争のときだけで、それも安全保障理事会をロシアが欠席したから、安保理の決定を成立させることができ、軍事力を派遣できたに過ぎないのです。

「対話で問題を解決しよう」という意見もあります。粘り強く交渉をして侵攻を食い止めたり、米中対立の仲介役を日本が果たしたりすべきだというものです。

評論家の田原総一朗氏と対談したとき、彼は「日本の外交能力を発揮して対話で解決に導こう」と語っていました。アメリカには積極的な対中融和ができないが、それを仲介するのが日本の役割だと力説していました。「日本の親中政治家が習近平と話せば理解してもらえる」とまで語っています。

いささか楽観的な考え方ではないかと私は思いましたが、世間にはこの田原氏と同じ考え方をする人が少なくありません。

確かに、米中の決定的対立を未然に防ぐために、日本は果たす役割がないわけではありません。私見ですが、事前の根回しなどを含めて、話をしていく役割はあると思います。当事者はアメリカなのですが、中国は日本からのほうがよっぽど話を聞くかもしれない。日本の最大の役割はこれかもしれません。

ただ、そのためにも「抑止力」が必要です。「日本を敵に回すと怖いぞ」と思わせるだけの力です。本書では日米同盟をはじめ、いくつかの「軍事的抑止力」の例を挙げましたが、最大の抑止力になるのは国民の意志。国民が**国を守る意志があるということを強固に示すことが、最大の抑止力**になり、それが相手に対するプレッシャーになっていくのです。

その意志は2022年の国政選挙で示されたはずです。繰り返しますが、現在、岸田政権の国防費増額にも敵基地攻撃能力保有にも、国民の間に激しい抵抗はありません。中国という国への抵抗感が国民の意志となって、大きな抑止力になっていきます。

もちろん、対話も重要ですが、日本人は「日中友好」という幻想を抱いています。日中友好団体は基本的にスパイ組織ですから、それにだまされないように、中国に乗せられないように、あくまで日本の国益を守りながらの日中友好でなければなりません。

日中間はいま緊張状態にありますが、いつもそうではない。緩むときもあります。でも幻想にとらわれていてはいけません。

中国には「釈迦に説法」かもしれませんが、本物の友好関係というのは、「お互いがお互いを尊重している」ことを前提にした上で、初めて成り立つもの。中国が日本を軽く見ている間は、日本は決して卑屈な態度をとってはいけないのです。

そうすれば中国も「やはり少しは話を聞こうか」という態度に変わってくるかもしれない。甘い予測は禁物ですが、粘り強く続けていけば習近平の態度も軟化してくるかもしれません。

愛国心を育てる神話教育が大切

「国民が国を守る意志」と書きましたが、それは「愛国心」と言い換えることができます。でも日本人にはこの言葉を口にするのは後ろめたく、かっこ悪いことだと思っている人が多いようです。

でも世界のほとんどの国では、愛国心を表明するのがごく当たり前です。「愛国心」について曖昧な表現しかしない日本人がいたら、外国人は「この人、信用していいのかな?」と思ってしまいます。「愛国心なんて……」という態度は、それくらい非常識なのです。

それは、日本人が愛国心という言葉に、知らず知らずのうちに拒否感を抱かされてしまっているからです。戦後の日本では、日本人が愛国心を持つことに抵抗感や罪悪感を抱かせるような学校教育、それにマスコミによる情報操作が、意図的に行われてきました。

戦後、GHQは占領政策として「神国日本」の宣伝を禁止し、**天皇や皇室について学ぶことをタブーにした**のです。現代日本の教育にもそれが連綿と息づいています。つまり日本人は、戦後教育の中で一種の〝洗脳〟を受けてきたのです。それがいまの「自虐史観」というものに繋がっています。

例えば「あなたは家族を愛していますか？」と聞かれたとします。日本人も「もちろん」と答える人が多いはずです。ではなぜ、いまの自分自身や自分の家族を生んでくれた「国」というものを拒否するのでしょうか。日本人以外の多くの外国人にとって、「愛国心」は「家族を愛する気持ち」と同じくらい自然なものなのです。

日本人が「愛国心」という言葉をなかなか口にできないもう一つの理由は、「日本人が日本のことを知らない」ことにあるように思えます。例えば外国に行ったり、外国人相手のパーティーに出たりすると、自然にそれぞれの「お国自慢」が飛び出すものです。

みな、それぞれ自国の文化や伝統、歴史について語ったり、相手の国について質問することがよくあります。そのときに自国の歴史や文化を語れない人は「無教養な人物」というレッテルを貼られてしまいます。

日本の歴史や文化、あるいは国家の本質を語るときに外せないのは、「天皇」の存在です。天皇というものへの理解なしに日本について語るのは、「キリスト教への理解なしに西洋文化について語りなさい」と言うのと同じようなものです。

では**なぜ天皇制の本質について日本人が語れない**のか？　それは日本人が作り上げた公式の歴史書である『古事記』や『日本書紀』に書かれた神話をタブー視し、学校で教えることをしてこなかったからです。

私はアメリカの大学で日本文学や比較宗教学を研究していましたから、ドナルド・キーン先生の序文がついた翻訳書でしたが、『古事記』や『日本書紀』も読んでいます。

この「記紀」では日本列島の誕生から八百万《やおよろず》の神々が繰り広げる神話の世界が描かれ、続いて人間が登場し、天照御大神《あまてらすおおみかみ》の血を引く天皇が日本という国を統治していく歴史が書かれています。私はまず、この「記紀」を通して、日本人の信仰、世界観などをとても興味深く知りました。

しかし日本に来てびっくりしたのは、日本人には『古事記』や『日本書紀』を読んだこともない人があまりにも多いということです。世界各地の神話を学んできた比較宗教学者の立場から見ても、とても残念でなりません。

『銀座の美人ママとダンディ弁護士の粋で鯔背《いなせ》なニッポン論』（ビジネス社）という著書で、白坂亜紀さんという方と対談したことがあります。彼女は大分県の出身で、早稲田大学で教職課程を取りました。大分の母校に教育実習に行ったとき、まだ学生なのに、日教組に加入させられそうになったそうです。

その白坂さんは東京に出てきて、渡部昇一氏の著作に出会って、日本の伝統に目覚めたそうです。そして女性経営者と「銀座なでしこ会」という会を結成し、代表をつとめておられました。私はその会の講師として呼ばれ、「何の話をすればよいですか？」と尋ねたところ「ＧＨＱの戦後教育政策と憲法の話を」と頼まれました。「銀座で事業経営をしている人たちなので、なおさらそれを知っておかなければ」というのです。こうした高い志を持った人たちは、いまの日本にとって実に貴重な存在だと感じました。

日本国民よ、祖国ニッポンを褒めよう

繰り返します。「愛国心」がなければ、自分の国を守ろうという気持ちになりません。そして「愛国心」を高めるためには、まず「日本を褒めることが悪である」という、あの日教組の教育を排除する必要があります。

2016年のリオデジャネイロ・オリンピックのとき、私は日本の男子体操団体戦に注目していました。内村航平君たちが頑張っていた、あの大会です。

ずっと見ていましたが、朝4時ごろ、日本が金メダルを獲得した。そして表彰式のセレモニーで、選手が表彰台の上で「君が代」を歌っていたのです。

終了後、インタビューの最後に内村航平君が登場しました。NHKの記者が「皆さんは表彰台の上で君が代を歌っていましたけど、どういうお気持ちだったでしょうか？」と尋ねました。すると内村君は「僕たちは声がかれるまで歌う。みんなでそう決めていました」というのです。精一杯大声で国家を斉唱する。これこそ「最高の愛国心だ」と感動しました。

私はそれを生放送で見たのですが、NHKは二度とそれを放送しませんでした。「君

が代」へのアレルギーでしょう。もちろん民放はその映像を流さなかったし、新聞も産経新聞がほんの少し取り上げただけで、他紙はまったく記事にしなかった。ここに、いまの日本のいびつな構造が隠されているような気がします。

なぜ、日本を褒めてはいけないのか、なぜ、国家という言葉や日の丸に対して抵抗感を抱くのか、戦後の間違った教育体制を一刻も早く改めなければなりません。

「強い日本」が平和をもたらす

「生まれ変わったらどこの国の人がいいか？」という世論調査では、日本の9割以上の人たちは「日本人がいい」というのです。でもなぜ、**国歌を歌おうとせず、国旗を掲揚しようとしない**のか。それは根本から「国を愛する」「国を守る」気概がないからだと思います。それが前に述べた「アメリカが守ってくれるから平気」とか「日米同盟があるから日本が戦争に巻き込まれる」というおかしな意識につながってくるのだと思います。

「気概を持つ」というのは、「愛国心」を持つことと同時に、自国を守ることが、「日本だけでなくアジアにとっても、人類の幸せのためにも必要」だと強く発信していくことでもあります。

日本が戦後、急速に先進国に追いついたのは、日本人の勤勉性もありますが、別の側面から見れば、世界やアジアの富を吸い上げることで自国経済レベルを押し上げたからです。これまで発展途上国のために、日本はＯＤＡや技術供与はしてきたかもしれません。天然資源や農作物は買ってあげたかもしれません。しかし、強力なリーダーシップでアジアの小国を守ることはしてきませんでした。でも中国の脅威が増大していく中で、いまや日本は、それをお返しする立場にあるはずです。

それに加えて必要なのは、アジア諸国に対して真摯なメッセージを発信していくことです。「アジアの治安の乱れは日本が断固阻止するから、アジアのみなさん、安心してください」と伝えていくことです。日本は〝落ちぶれつつ〟ありますが、依然としてアジアの大国であることは間違いない。しかし日本は大国としての義務を果たしていないのです。

アジアの国々に対して、いま日本がすべきなのは、中国や韓国が要求するような「心からの反省とおわび」ではありません。「アジアの未来は日本が守る」という断固たるメッセージです。「傍若無人な行動は絶対に許さない」という決意と覚悟を示してこそ、日本はアジアから尊敬され、世界から称賛されるはずです。

日本が防衛力を増大させると、アジア諸国は警戒するという人がいます。以前はその傾向もありました。でも現在では、それを言い立てるのは中国、韓国、北朝鮮の3か国だけです。それ以外の国は大歓迎のはずです。なりふり構わず力ずくの現状変更を迫る中国に対して、「強い日本でいてほしい」と、多くのアジア諸国が考えていると、私には思えてなりません。

軍事力に頼るだけではありません。インターネットやSNSを駆使して、**日本の考え方を、世界に主張するというスタイルも、効果的な愛国行動**だと思います。国を守る方法は何も銃を撃つだけではないのです。「自分はこれで日本を守るんだ」という意識さえあれば、様々な方法を駆使して日本を防衛することができるはずです。

残された時間はもう多くない！

戦後の日本では、「水と安全はタダ」と言われ、日本国民は「安全保障」という感覚すら失ってしまったかのようです。ある人物が、「中国が戦争を仕掛けてくるのなら、韓国と仲良くなれないのなら、僕が彼らと酒を飲み交わす。そうすればきっと仲良くなれるはずだ」と発言し、ネットで話題になったそうです。

これが、いままでの典型的な日本人の思考だと思います。他国と仲良くするのはとてもいいことだと、私も思います。しかし、国家間の衝突を個人の友好感覚と一緒にしてはいけません。理想を掲げるのは大事ですが、「国家間の利害の衝突」がそれで解決可能だと本気で思っているとしたら、それは「夢想」や「妄想」のレベルでしかないのです。

もちろん、ロシアを厳しく非難するだけでは、何の解決にもならないことは明らかです。「大ロシア主義の妄想」にかられて一方的にウクライナに侵攻したロシアには一分の「理《ことわり》」も認められませんが、そんな油断ならぬ相手が日本を狙ってくるのだとしたら、どう警戒し、どうやって日本を彼らの魔の手から守るのかを考えなければなりません。習近平に対しても同様です。

国際政治で「いい人」なのは日本だけです。ほとんどの国々は「腹に一物」を抱えていて、「善にも悪にもなり得る」存在です。日本人もいい加減に「悪人」になる覚悟を持つ必要がある。日本という国を守るために「現実」を直視すべきときに来ています。

つまり日本人は、このウクライナ戦争から「国民の自覚と覚悟」を学ぶべきだということです。ロシアの侵攻当初から連日、ウクライナでの被害が報道されました。プーチンは「5日あればウクライナを屈服させられる」と考えていたようですが、実際はそうなりませんでした。それは、**ウクライナが勇気を持って抵抗した**からです。

ウクライナでの惨劇を見て、当初日本では「ウクライナが抵抗を止めれば戦闘は終わる。被害は最小限ですむ」という声が少なくありませんでした。でもこれは典型的な「負け犬」思考です。他国から不当に蹂躙されている国に対して「抵抗しないで白旗を揚げろ」という意見には、開いた口が塞がりませんでした。

ウクライナ国民は、圧倒的優位なロシアの軍事力にひるむことなく、果敢に戦いを続けています。日本人はこの事実を胸に刻むべきです。でも日本人は、ウクライナ国民と同じように行動できるのでしょうか?

ひとたび日本が侵略されれば、戦場は日本の国土と周辺海空域になります。日本は「専守防衛」を標榜しているからです。これは現状のウクライナと一緒で、侵攻するかどうかも、いつ、どこを攻撃するのかも、相手次第なのです。

ウクライナの場合、いつかロシアが侵攻する可能性があることは、国民が知っていました。2014年にロシアがクリミアへ侵攻して以来、国土が一方的に簒奪《さんだつ》されることがどういうことか、身をもって知らされました。だから警戒を怠らなかったし、今回の侵攻にも、徹底抗戦の気運が盛り上がったのです。日本人も、ウクライナ国民の「絶対ロシアに屈しない」という覚悟を見習う必要があります。

でも日本人の場合、侵攻の可能性などハナから考えていません。備えもできていません。「専守防衛」や「非核三原則」など、これまで日本が〝常識〟としてきた安全保障の議論を見直すときに来ているように思えます。

もはや、日本国民一人ひとりの意識改革が必要な時期に来ています。残された時間はそれほど多くないはずです。

エピローグ

安倍元首相の「遺産」を引き継ごう

トランプも動かしたリーダーカ

故安倍晋三元首相を襲った突然の悲劇には、いまでも残念な気持ちがぬぐえません。安倍さんの死には、アメリカや西側諸国だけでなく、インドも喪に服しました。UAEの首都アブダビでは、ビルの壁面を全面使って安倍さんと日の丸の映像が映し出されましたし、驚くことに、アフガニスタンのタリバン政権まで弔意を示してきたのです。

世界中がその死を悼んでいるのを見て、私は、改めて**安倍元首相という人が成し遂げた歴史上の業績の大きさ**を実感します。

アメリカに「中国の脅威の深刻さ」を教えたのも安倍さんです。トランプ政権が誕生したとき、大統領選終了直後に世界の首脳に先駆けてニューヨークへ飛んでいき、トランプ次期大統領と会談しました。トランプ氏はまったくの外交音痴で、中国に対する認識も外交戦略もない。そこで安倍さんがレクチャーして、中国の脅威の深刻さを訴えた。その結果、トランプ氏は安倍さんのレクチャーに基づいて、「中国の膨張を許さない」という姿勢を強め、のちに中国への制裁的関税を発動したのです。そこから世界の流れは一気に変わっていきました。

自身が参加した最後のG7サミットで、安倍さんは中国を名指しで批判し、人権問題と台湾問題で強く牽制しました。ここから安倍さんの力でG7先進国が団結して、中国問題に対処するという構図が出来上がったといっていいと思います。

実は安倍さんは、第二次政権のときからすでに「地球儀を俯瞰《ふかん》する外交」を打ち出し、「開かれたインド太平洋構想」を提唱していました。まだほとんどの首脳が中国の脅威を意識していない時期にもかかわらず。「台湾有事は日本有事につながる」と、後世に残る言葉を発し、中国の覇権主義による膨張をどう封じ込めるか、アジア太平洋地域の平和をどう守るかについて、先見性を持つリーダーであったと思います。

それが実を結んだのが2022年の「QUAD《クアッド》」（日米豪印戦略対話）です。その前年に「AUKUS《オーカス》」（アメリカ、イギリス、オーストラリアの3国間の軍事同盟）が誕生しましたが、その背景にも、台湾防衛の重要性を世界に認識させた安倍さんの偉大なる功績があります。

こんな安倍さんの死に対して、中国はほくそ笑んでいるはずです。本文で述べてきたように、中国、ロシアというランドパワーの国が外洋に出ようとするのを、海洋国家である日本が阻んできたのです。

しかしながら、安倍さんの力で70年の空白を乗り越える気運が生まれて、**垂直離着陸機を搭載するヘリコプター空母を建造できる**ところまで来たのです。

「侵略には断固戦う」という強い意志が必要だ

安倍さんを失ったのは日本にとって大きな損失ですが、日本の人たちは、安倍さんが残した大きな「遺産」を生かすことを考えなければなりません。

残念なことですが、安倍さんの死によって、彼が提唱してきた憲法改正、国防力増強の重大性が改めて認識されました。事実、2022年7月の朝日新聞のアンケートでも、51％が憲法改正、自衛隊明記に賛成している状況なのです。

日本は日米同盟を中心に、西側の対中国・対ロシア包囲網の中でより一層中心的な役割を果たすよう飛躍しなければならないはずです。ここで憲法改正に進まなかったら、それは安倍さんと日本国民に対する最大の裏切りになります。

実は私には、安倍さんが生きている間に実現してほしいことが4つありました。北方領土問題の解決、拉致被害者の奪還。そして憲法改正とスパイ防止法の制定です。

ただ前の二つは、日本の意思だけではすぐに解決できない。しかしあとの二つは、日本国内で国民の合意ができれば、すぐにも手がつけられることなのです。虎視眈々と牙を研《と》いでいる中国・ロシアに対抗して、日本防衛の抑止力を高めるために、すぐに手を打たなければならない。いま、日本があるべき姿に進むにはどうすればいいのかを議論しなければ、後世に大きな禍根を残すことになってしまうのです。

防衛費をGDP比2％に引き上げることが決まったいま、次は憲法改正を議論しなければなりません。脅威への抑止力を高めるには、軍事力の増強だけでなく、憲法改正が必要不可欠なのです。

繰り返しますが、憲法を改正してちゃんとした「軍隊」を持つことが、「侵略には断固戦う」という国民の意志を養うことにつながります。「国民が国を守るという強い意志がある」ということが、最大の抑止力になるのです。

ロシアの侵攻に際しても、ウクライナ国民があれほど執拗に抵抗するなんて、誰も想像しなかった。でもウクライナ国民は、勇気を持って抵抗している。

日本も「脅威に対しては最後まで抵抗するぞ」という決意をいまこそ示さなければなりません。

そしてそれが、**安倍さんの非業の死に報いることになる**と、私は強く思います。暴力には屈しないという決意が世界を変えるのです。

参考資料

『これはもう第三次世界大戦どうする日本　〝プーチンの核〟〝台湾侵攻〟どっちが先か』石平／ロバート・D・エルドリッヂ著、ワニブックス、2022年
『「米中冷戦」で日本は漁夫の利を得る』石平／ケント・ギルバート著、宝島社、2019年
『わが国に迫る地政学的危機　憲法を今すぐ改正せよ』櫻井よしこ／ケント・ギルバート著、ビジネス社、2022年
『知らないと後悔する　日本が侵攻される日』佐藤正久著、幻冬舎新書、2022年
『米国を巡る地政学と戦略　スパイクマンの勢力均衡論』ニコラス・J・スパイクマン著、小野圭司訳、芙蓉書房出版、2021年
『台湾の主張（新版）』李登輝著、PHP文庫、2021年
『強い日本が平和をもたらす　日米同盟の真実』ケント・ギルバート著、ワニブックス
『トヨタが中国に接収される日　この恐るべき「チャイナリスク」』平井宏治著、WAC BUNKO、2022年
『いまそこにある中国の日本侵食』ケント・ギルバート著、WAC BUNKO、2021年
『ついに「愛国心」のタブーから解き放たれる日本人』ケント・ギルバート著、PHP新書、2017年
『米国人弁護士が見た変容するアメリカ現代史　銃・中絶・移民・戦争』ケント・ギルバート著、育鵬社、2022年
『新しい日本人論　その「強み」と「弱み」』加瀬英明／石平／ケント・ギルバート著、SB新書、2020年

『核大国（露・中・米）は氏素性の悪さを競う』髙山正之／石平著、WAC BUNKO、2022年
インターネット　ニッポンドットコム「台湾有事─直面する危機に日本はどう備えるか」兼原信克、2022年11月10日
インターネット　ニッポンドットコム「台湾有事！中国の台湾侵攻作戦とは？：台湾軍、米軍、自衛隊はどう動くか」門間理良、2021年10月20日
インターネット　朝日新聞デジタル「先細るパイプ、読み間違えた意図　尖閣国有化10年が語る教訓とは」佐藤武嗣、2022年9月11日
インターネット　日経ビジネス「大胆予測2023：台湾有事に備えよ　兵糧攻めで日本に打撃」森永輔、2022年12月20日
インターネット　内閣府「世論調査　平成29年度　自衛隊・防衛問題に関する世論調査　2　調査結果の概要　6．日本の防衛のあり方に関する意識」
インターネット　外務省「外交政策　広報文化外交　海外広報　海外における対日世論調査」
YouTube　TBS NEWS DIG Powered by JNN「『核共有はすべきではないが議論はするべき』6割　高市氏・安倍氏が議論呼ぶなか問われる岸田総理の政治信条【後藤部長のリアルポリティクス】（2022年3月7日）」
インターネット　National DEFENSE　“U.S. Begins Forging Rare Earth Supply Chain”　2023年2月10日

〈著者プロフィール〉
ケント・ギルバート
1952年、アメリカ合衆国アイダホ州に生まれる。カリフォルニア州弁護士、経営学修士(MBA)、法務博士(ジュリスドクター)。1970年、ブリガムヤング大学に入学。1971年に宣教師として初来日。その後、国際法務事務所に就職し、企業への法律コンサルタントとして再来日。弁護士業と並行してテレビに出演。2015年、アパ日本再興財団による『第8回「真の近現代史観」懸賞論文』の最優秀藤誠志賞を受賞。2017年新書売上No.1に輝いた『儒教に支配された中国人と韓国人の悲劇』(講談社+α新書)、『日本人が知らない朝鮮半島史』(ビジネス社)など著書多数。

日本が消失する
国民の9割が気づいていない、一瞬で壊れる平和

2023年4月20日　第1刷発行

著　者　ケント・ギルバート
発行人　見城 徹
編集人　福島広司
編集者　真鍋 文

GENTOSHA

発行所　株式会社 幻冬舎
〒151-0051　東京都渋谷区千駄ヶ谷4-9-7
電話　03(5411)6211(編集)
03(5411)6222(営業)
公式HP:https://www.gentosha.co.jp/
印刷・製本所　株式会社 光邦

検印廃止

ISBN978-4-344-04105-9　C0095